edition suhrkamp 2728

Populismus ist ein vielgestaltiges Phänomen. Mal ist er rechts, mal links; mal artikuliert er Protest gegen offene Märkte, mal wendet er sich gegen Migration. Auch in der geografischen Verteilung zeigt er sich variantenreich: In Südeuropa dominiert der Links-, in Nordeuropa der Rechtspopulismus. Philip Manow entwickelt eine vergleichende Erklärung für dieses zunächst widersprüchlich erscheinende Bild. Den Ausgangspunkt bilden die jeweiligen wirtschaftlichen Wachstumsmodelle, die Verfasstheit von Arbeitsmarkt und Sozialstaat, kurz die jeweiligen Politischen Ökonomien. Es zeigt sich: Wer vom Populismus reden will, aber vom Kapitalismus nicht, landet immer nur bei Identitätspolitik – und wird dann unweigerlich selbst Partei im Streit.

Philip Manow, geboren 1963, ist Professor für Politikwissenschaft an der Universität Bremen. In der edition suhrkamp erschien 2008 *Im Schatten des Königs. Die politische Anatomie demokratischer Repräsentation* (es 2524).

Philip Manow

Die Politische Ökonomie des Populismus

Suhrkamp

3. Auflage 2019

Erste Auflage 2018
edition suhrkamp 2728
Originalausgabe

Satz: Satz-Offizin Hümmer GmbH, Waldbüttelbrunn
Druck: Druckhaus Nomos, Sinzheim
Umschlag gestaltet nach einem Konzept
von Willy Fleckhaus: Rolf Staudt
Printed in Germany
ISBN 978-3-518-12728-5

Inhalt

1. Vorwort

Donald Trump, Marine Le Pen, Beppe Grillo, Matteo Salvini, Geert Wilders, Hugo Chávez (und sein Wiedergänger Nicolás Maduro), Pablo Iglesias, Jarosław Kaczyński, Beatrix von Storch und Alexander Gauland, Norbert Hofer und Heinz-Christian Strache, Jimmie Åkesson, Jean-Luc Mélenchon, Nigel Farage (und Boris Johnson?), Viktor Orbán, Alexis Tsipras, Recep Tayyip Erdoğan, Rodrigo Duterte, Narendra Modi – und so weiter und so fort.[1] Oder: FPÖ, SVP, Lega und Movimento, die Wahren Finnen und die Schwedendemokraten, der Vlaams Blok, PVV, die norwegische Fortschrittspartei und die Dansk Folkeparti, das Rassemblement (vormals der Front) National, AfD, PiS, Fidesz, AKP, Syriza, Podemos und La France insoumise … Die Aufzählungen, so scheint's, nehmen kein Ende: Populisten allerorten. Für viele ist das Anlass zur Beunruhigung und Zeichen einer grundsätzlichen Krise, für andere ein überfälliger, notwendiger Protest, der die verstopften Kanäle demokratischer Repräsentationsverfahren mit einem durchaus ätzenden Reinigungsmittel wieder frei spült, und für Dritte wiederum handelt es sich nur um viel Lärm um nichts: Populismus – das ist doch ein bloßer Kampfbegriff, eine strategische Formel, gegen diejenigen gerichtet, die eine andere politische Meinung vertreten.

So unterschiedlich die Personen und Parteien, so divers die Kontexte, in denen sie reüssieren, so heterogen die politischen Forderungen, die sie vertreten – Populisten von links und rechts sind in den letzten zwanzig Jahren in so gut wie allen Demokratien zahlreicher und erfolgreicher geworden.

Es fällt schwer, Länder zu nennen, in denen die Populisten *nicht* die etablierten Parteien und den etablierten Modus, in dem Politik bislang betrieben wurde, herausfordern. Sie beherrschen fast überall die Agenda, weil sie die ganze öffentliche Aufmerksamkeit auf sich zu ziehen vermögen. Angesichts der erheblichen Stimmenzugewinne populistischer Parteien in der jüngeren Vergangenheit hat sich der Eindruck verfestigt, dass wir mit dem Aufstieg des Populismus nicht nur ein Krisensymptom westlicher Gesellschaften beobachten können, sondern auch ein diese Krise weiter verschärfendes Moment erleben. Die Debatte ist daher überwiegend im Ton der Besorgnis gehalten: Zerbricht der liberale Nachkriegskonsens westlicher Demokratien?

Vor diesem Hintergrund ist es verständlich, dass eine interessierte, vor allem beunruhigte Öffentlichkeit wissen möchte: Was ist da los und wie ist das zu erklären? Die Debatte unter dem Oberbegriff »Populismus« ist in vollem Gang, die (Politik-)Wissenschaft widmet sich dem Phänomen intensiv (als Überblicksdarstellungen Jörke/Selk 2017; Mudde/Kaltwasser 2017; Kaltwasser et al. 2017), die einschlägigen Veröffentlichungen werden täglich mehr, so dass es schwierig geworden ist, die Übersicht zu behalten. Die zeitdiagnostischen Beiträge sind zahlreich (Goodhart 2017; Lilla 2017; Moffit 2016; Mounk 2018; Müller 2017 [2016]; Stegemann 2017; Zielonka 2018) – und der in ihnen vorherrschende Ton ist nicht gerade dazu angehalten, optimistisch in die Zukunft zu blicken: *How Democracy Ends* (Runciman 2018), *How Democracies Die* (Levitsky/Ziblatt 2018). Das öffentliche Nachdenken über die Demokratie in Zeiten des Populismus vollzieht sich nun überwiegend im Modus der vorgezogenen Grabrede.

Und warum noch ein Beitrag zu dieser bereits breiten Debatte? Jedes Buch, das gelesen werden will, muss sich rechtfertigen. Für ein weiteres Buch in einer immer rascher anschwellenden Literatur zum Thema Populismus gilt das wohl in besonderem Maße. Das vorliegende Buch will auf zwei – wie ich denke: gravierende – Mängel der Debatte reagieren. Das *erste Dezifit* besteht, zugespitzt formuliert, darin, dass in ganz überwiegendem Maße über Populismus geredet wird, ohne zugleich über Kapitalismus zu sprechen – sieht man von dem ganz unspezifischen Lamento über den »Neoliberalismus« ab, mit dem sich ja alles (und daher: nichts) erklären lässt. Dass es einen ökonomischen Ursachenkomplex für die erhöhte politische Unruhe geben könnte, wird vielfach ausgeblendet, meist schon aufgrund der verwendeten Definitionen, die von den politischen Inhalten der Populisten explizit absehen und Populismus lediglich als einen besonders antagonistischen Politikmodus verstehen wollen (siehe Kapitel 2). »Populism isn't about policy content«, wird uns dann versichert. Es gehe nur um Empörung, Wut, Frustration, Ressentiments, um moralische Alleinvertretungsansprüche und eine scharfe Abgrenzungsrhetorik, um eine inszenierte Konfrontation zwischen dem wahren, reinen Volk, zu dessen authentischen Sprechern sich die Populisten zuvor selbst erklärt haben, auf der einen Seite, und einer weitgehend korrupten, autistischen, in einer liberalen Blase gefangenen kosmopolitischen Elite, die für das Volk längst nur noch Verachtung übrighat, auf der anderen. Aber wo kommt die Wut so plötzlich her? Und wieso verfängt eine Kritik an den *Out-of-touch*-Eliten, die so alt ist wie die repräsentative Demokratie selbst, heute scheinbar so viel besser als früher?

Stellen wir nur auf diese Konfrontation ab, ergreifen wir schnell Partei und heben die Debatte zuverlässig in den Bereich der politischen Leidenschaften und der Moral, was sie so unergiebig und zugleich auch oft so hysterisch macht. Auf dieser Ebene gibt es schließlich wenig Raum für Kompromiss und das wechselseitige Zugeständnis, dass die andere Seite möglicherweise auch ein Argument und ein berechtigtes Motiv hat. Die Lager versorgen sich mit starken Gefühlen und eindeutigen Identitäten, es steht immer schon fest, wer der Gegner (bzw. oft schon der Feind) ist und wie Gut und Böse verteilt sind. Tendenziell läuft eine solche, allein auf die unversöhnliche Polarisierung der politischen Auseinandersetzung abstellende Definition Gefahr, unter anderen normativen Vorzeichen genau das zu bestätigen, was die Populisten selbst unablässig behaupten, nämlich dass es einen zunehmend unüberwindbaren Graben zwischen den Empörten und der Elite gibt. Selbstreflexion – etwa dass man dort, wo man steht, möglicherweise nicht (nur) aufgrund einer autonomen moralischen Entscheidung steht, sondern als Mitglied eines bestimmten sozioökonomischen Milieus oder im Kontext einer spezifischen Politischen Ökonomie – scheint auf allen Seiten ein knappes Gut zu sein. Theoriedefizit und Moralüberschuss kennzeichnen die öffentliche Debatte gleichermaßen.[2]

Wer über den Populismus reden will, aber nicht zugleich auch über den Kapitalismus, landet meist nur bei der Identitätspolitik – und ist dann schnell mittendrin in völlig unergiebigen Debatten voll wechselseitiger Stigmatisierungen. Deswegen möchte ich in diesem schmalen Buch, auch in der Hoffnung auf Selbstaufklärung und vielleicht Distanzgewinn, eine Politische Ökonomie des Populismus skizzieren und die Tragfähigkeit des Konzepts anhand der vorliegenden Empirie überprüfen. Das ist unter anderem motiviert durch die Vermutung, dass das systematische Ausblenden ökonomischer Faktoren vielleicht selbst Teil des Problems ist. Der Verdacht lautet: Über den Populismus als Problem zu reden ist oft eine Art, über ihn als Problemsymptom nicht reden zu müssen. Und die verbreitete Neigung, ihn als Beleg für eine fortschreitende »Kulturalisierung der Politik« (Andreas Reckwitz) zu werten und daher auch immer nur als kulturelles Phänomen zu deuten, dient in diesem Diskurs oft denjenigen, die das so deuten – und trägt damit eher zur Verschärfung des Konflikts und zu seiner Kontinuierung bei. Mir erscheint diese Diagnose selbst symptomatisch.

Im Gegensatz zu einer solchen kulturalistischen Sicht auf das populistische Phänomen nehme ich einen Vorschlag von Dani Rodrik auf (2018), Populismus im Wesentlichen als Protestartikulation gegen Globalisierung zu interpretieren, und zwar gegenüber zwei ihrer hauptsächlichen Erscheinungsformen: dem internationalen Handel und der Migration, also der grenzüberschreitenden Bewegung von Geld und Gütern einerseits und Personen andererseits.[3] Ich skizziere dann, wie sich vor diesem Hintergrund Europas politische Geografie des Populismus erklären lässt, mit der Dominanz des Linkspopulismus in Südeuropa, der gegen »Neoliberalismus« oder »Austerität« protestiert, in einem Kontext, in dem die freie Bewegung von Gütern und Geld problematisch wird, und der Dominanz des Rechtspopulismus in Kontinental- und Nordeuropa, der gegen »Massenzuwanderung« protestiert, in einem Kontext, in dem die freie Bewegung von Personen problematisch wird; und wo populistische Parteien in Osteuropa und den angelsächsischen Ländern Verliererinteressen artikulieren, während in Westeuropa die Interessen derer populistisch verteidigt werden, die etwas zu verlieren haben (Kapitel 3 bis 5).

Der Mangel an ökonomischer Reflexion, der die gegenwärtige Populismusdebatte kennzeichnet, steht meines Erachtens im Zusammenhang mit ihrem *zweiten Defizit*: dem

Fehlen eines systematischen Vergleichs – und das heißt eben auch mit dem Fehlen eines vergleichenden Analyserahmens. Wir reden zumeist über Einzelphänomene, die dann jeweils *pars pro toto* genommen werden: Ja, wenn ich das Phänomen Trump besser verstehe, verstehe ich auch das Phänomen Populismus besser. Ja, es ist interessant und wichtig zu erfahren, wer eigentlich die Wähler der AfD sind. Man möchte auch gerne wissen, wer aus welchen Motiven im Juni 2016 in Großbritannien für »Leave« und wer für »Remain« gestimmt hat. Aber was genau weiß man, wenn man das weiß?

Die Einzelbefunde setzen sich nicht automatisch zu einem Gesamtbild zusammen – weil die oft implizite Annahme, dass es im Grunde überall die gleichen Motivlagen sind, die für den Aufstieg populistischer Parteien und Personen verantwortlich zeichnen, bei näherer Betrachtung doch ganz unwahrscheinlich erscheint. Wählt ein ungarischer Wähler aus den gleichen Gründen Fidesz, aus denen ein schwedischer Wähler die Schwedendemokraten wählt und ein Spanier Podemos? Warum sollten wir das annehmen? Wenn wir eine ökonomische Erklärung zumindest nicht von vornherein ausschließen, ist es angesichts der sehr unterschiedlichen Funktionsweisen nationaler Arbeitsmärkte, Wohlfahrtsstaaten, wirtschaftlicher Wachstumsmodelle und Formen der außenwirtschaftlichen Einbettung, ist es bei der ganz unterschiedlichen Exponiertheit der jeweiligen Länder gegenüber Handel und Migration hochgradig unplausibel, den immer gleichen Verursachungszusammenhang zu unterstellen. Diese Unterstellung liegt aber – wenn auch oft implizit – vielen Studien in diesem Bereich zugrunde (Roodujn 2018). Und sie liegt, nebenbei bemerkt, auch der pauschalen Problemdiagnose »Neoliberalismus« zugrunde. Die kann aber schlicht nicht erklären, warum der nämliche »Neoliberalismus« manchmal rechte, manchmal linke und manchmal gar keine populistischen Reaktionen provozieren sollte.[4] Führen wir den Diskurs nur auf der Ebene der Moral, sind wir ohnehin völlig hilf- und verständnislos mit der beobachtbaren Varianz konfrontiert – oder hat irgendjemand eine gute Theorie, warum die Moral von der Geografie bestimmt sein sollte?

Gegenstand dieses Buches ist daher eine *Politische Ökonomie* des Populismus sowie zugleich eine *Vergleichende* Politische Ökonomie des Populismus. Es ist wie so häufig: Hat man keine begründete und belastbare Erwartung (sprich: keine Theorie), welche Muster zu erkennen sein werden, sieht man meistens auch keine – oder die falschen. Ein Beispiel: Vermuten wir im Sinne der gängigen »Modernisierungsverlierer«-These (vgl. Spier 2010), die wirtschaftliche Benachteiligung als starkes Motiv für populistischen Protest betrachtet, einen Zusammenhang etwa zwischen Arbeitslosigkeit und der Stimmabgabe für die Populisten (und zwar überall gleichermaßen), finden diesen dann aber in der statistischen Datenlage nicht bestätigt, führen solche Nicht-Befunde regelmäßig zu dem Schluss, dass ökonomische Faktoren beim Aufstieg des Populismus wohl keine Rolle gespielt haben können. Wenn es denn nicht die Ökonomie ist, wird es wohl die Moralökonomie gewesen sein,[5] und wenn es nicht die Modernisierungsverlierer sind, muss es sich wohl schlicht um Fremdenfeinde handeln. So landen wir schnell wieder bei der »Kulturalisierung« des Konflikts. Diese Deutung wiederum gewinnt ihre vordergründige Plausibilität nicht zuletzt dadurch, dass der Protest gegen Migration in den meisten Studien immer nur als Ausdruck eines kulturellen Abwehrreflexes interpretiert wird. So als sei Migration gänzlich ohne Verteilungseffekte und so als seien Interessen und Identitat immer fein säuberlich voneinander zu trennen.[6]

Das ist aber schon auf der analytischen Ebene dürftig: Wähler, die Migration ablehnen, wählen überdurchschnittlich häufig Parteien, die Migration ablehnen? Was als »kultureller Erklärungsansatz« ausgeflaggt wird, ähnelt, recht besehen, oft eher einer Tautologie, die das eine im anderen spiegelt und die Welt außen vor lässt. Und es ist auch in ökonomischer Hinsicht ganz irreführend. Zumindest wird man die politischen Reaktionen auf Migration nicht verstehen können, wenn man ihre Verteilungseffekte ignoriert und das breite Spektrum von Motivationslagen reduziert auf eine Gegenüberstellung entweder unaufgeklärter oder aufgeklärter Individuen, um Moralurteile vornehmen zu können.

Das hier vorgeschlagene Argument begreift sich deshalb als Alternative zu drei in der Debatte momentan vorherrschenden Ansätzen. Der erste schließt eine besondere Verursachungskonstellation oder ein besonderes Problemprofil, auf die der Populismus reagiert, aus, behauptet er doch, es gehe gar nicht um Inhalte, sondern primär nur um Empörung (vgl. Kapitel 2). Alternativ hierzu ist – zweitens – frühzeitig die Hypothese formuliert worden, es seien die von Strukturwandel, Deindustrialisierung und technologischem Fortschritt negativ betroffenen sogenannten Modernisierungsverlierer, die das hauptsächliche Wählerklientel der Populisten ausmachten – also auf dem Arbeitsmarkt randständige Gruppen, die sich dann auch auf dem politischen Markt den randständigen Angeboten zuwenden würden. Drittens schließlich wird eine neue kulturelle Spaltungslinie zwischen sogenannten »Kosmopoliten« und sogenannten »Kommunitaristen« identifiziert, zwischen Universalismus und Partikularismus, zwischen »Integration« und »Demarkation«, zwischen der globalen Elite der *Anywheres* und den sich nach der Übersichtlichkeit lokaler oder nationaler Verhältnisse zurücksehnenden *Somewheres.*[7] Hier wird Populismus im Wesentlichen als Reflex auf Zumutungen der modernen offenen Gesellschaft und des Wertewandels gedeutet, als Reflex der Verlierer in einem neuen »kulturellen Wettbewerb«, als Gegenbewegung zur großen Liberalisierung seit Ende der sechziger, Anfang der siebziger Jahre oder auch als Reaktion auf den zunehmenden Bedeutungsverlust nationaler Entscheidungsarenen vis-à-vis suprastaatlicher Instanzen. Und diese Erklärung wird mal mit sozialpsychologischen Versatzstücken angereichert, mal mit dem Verweis auf die angeblich durch »Arbeitslogiken« geprägte entweder eher national-autoritäre oder eher universal-libertäre Weltsicht bestimmter Gesellschaftsgruppen (siehe hierzu Kapitel 3).

Das Argument dieses Buches, das verschiedene Erscheinungsformen des populistischen Protests (dann jeweils auch getragen von verschiedenen Gesellschaftsgruppen) auf unterschiedliche Politische Ökonomien Europas zurückführt, besteht gegenüber dem ersten Ansatz darauf, dass es sehr wohl *bestimmte*, *spezifische*, und vor allem auch *beschreibbare* Problemkonstellationen vornehmlich ökonomischen Charakters sind, die populistischen Protest provozieren und seine diversen politischen Ausrichtungen mit jeweils unterschiedlichen Hauptträgergruppen erklären können, eine Konkretion der Motive, zu deren Erklärung ein allein auf die Abgrenzungsrhetorik abstellender Ansatz keinerlei Beitrag zu leisten vermag. Gegenüber der zweiten, der Modernisierungsverlierer-These, betone ich *die Variation* dieser ökonomischen Problemkonstellationen, von denen nur eine dem Verlierer-Erklärungsmodell entspricht. Es ist dann nicht weiter überraschend, dass die Modernisierungsverlierer-These in vielen Kontexten keine empirische Bestätigung findet. Das macht sie jedoch nicht generell falsch, sondern nur als generelle Erklärung falsch. Gegenüber dem dritten Erklärungsansatz, der These von der neuen gesellschaftlichen Spaltungslinie, die diese vornehmlich als kulturellen Konflikt deutet und wertet und die deswegen ebenfalls große Schwierigkeiten hat, die vorfindbare Varianz zu erklären, betone ich wiederum den ökonomischen, nicht kulturellen Charakter derjenigen Probleme, die den populistischen Protest hervorrufen, auch wenn viele ökonomische Probleme »kulturalisiert« werden (müssen), um für politische Mobilisierung überhaupt funktionieren zu können.[8]

Ich will meine Erklärung im Vorgriff auf ihre detailliertere Ausführung in den nachfolgenden zwei Kapiteln in ihren Grundzügen kurz umreißen. Zunächst zur Ausgangssituation: Die letzten dreißig Jahre sahen eine enorme Intensivierung der Globalisierung in beiden hier gemeinten Dimensionen, also der grenzüberschreitenden Bewegung von Kapital sowie Gütern und der von Personen. Dies trifft generell, für Europa jedoch im Besonderen zu. Zum Beleg seien einige wenige Entwicklungen stichwortartig aufgerufen. Nach 1990 erfolgte die Integration der osteuropäischen Länder in den freien Wirtschaftsraum EU, die im Jahr 2004 für viele dieser Staaten im Beitritt zur Europäischen Union mündete. Dabei ist die Europäische Union als gemeinsamer Markt ein ausgesprochen wirtschaftsliberaler Raum, in dem über die sogenannten Grundfreiheiten – also die freie Bewegung von Gütern, Personen, Dienstleistungen und Kapital – streng gewacht wird. Mit der Einführung einer gemeinsamen Währung Ende der neunziger Jahre haben diese europäischen Wirtschaftsverflechtungen für eine Untergruppe von Ländern (die Länder der Eurozone) eine nochmals gesteigerte Intensität erlangt. Mit dem Euro war der Verlust geldpolitischer Souveränität verbunden und damit die Preisgabe eines wichtigen Instruments des makroökonomischen Managements. Der durch weltwirtschaftliche Verflechtungen entstehende Anpassungs- und Reformdruck schlägt jetzt völlig ungemindert auf die nationalen Ökonomien durch und damit letztlich auch auf die jeweiligen politischen Systeme, die solche Anpassungen vornehmen müssten – ökonomische Krisen werden so schnell zu politischen Legitimationskrisen. Dies alles vollzieht sich in einer Zeit, in der China innerhalb weniger Jahre den Übergang vom Kommunismus zum Turbokapitalismus vollzogen, sich von einem eher agrarisch zu einem industriell geprägten Land gewandelt hat und nun auf dem Weltmarkt als neue, extrem dynamische Handelsnation auftritt. Ein wichtiges Ereignis in diesem Zusammenhang ist Chinas Beitritt zur Welthandelsorganisation (WTO) im Jahr 2001 (Autor/Dorn/Hanson 2016). Im Zuge dieses Prozesses hat sich der Handel zwischen der EU und China in nur fünfzehn Jahren, zwischen 2000 und 2015, annähernd vervierfacht. Die chinesischen Importe in die USA verfünfunddreißigfachten sich im Zeitraum von 1990 bis 2010. Der deutlich intensivierte Handel ist für Länder wie Deutschland, die vornehmlich Investitionsgüter produzieren, ausgesprochen vorteilhaft, denn genau diese Güter braucht China für seine Wachstumsstrategie; für andere, die wie zum Beispiel Italien überwiegend Konsumgüter produzieren, aber ausgesprochen nachteilig, denn das sind die Güter, die China jetzt auch, aber sehr viel billiger herstellt. Mit anderen Worten: Die jeweiligen Ökonomien stehen ganz unterschiedlich unter Druck.

Ganz Europa geriet zudem nach 2008 in den Strudel der internationalen Finanzkrise, die ab 2010 in die Eurokrise überging und zu enormen Verwerfungen und Spannungen im gemeinsamen Wirtschafts- und Währungsraum führte, unter denen die Eurozone beinahe auseinandergebrochen wäre. Die unmittelbar nach Einführung des Euros einsetzende, in der ersten Boomphase jedoch verdeckte Auseinanderentwicklung der nordischen und der südeuropäischen Ökonomien brach somit offen aus und löste in Griechenland, Spanien und Portugal heftige Anpassungskrisen aus, Italien war unter dem Euro schon vor 2008 in eine lange, bis heute anhaltende Phase der Stagnation eingetreten. Die Krise legte mithin offen, dass einige Politische Ökonomien viel besser mit dem Verlust geldpolitischer Souveränität zurechtkommen als andere.

Zur gleichen Zeit kam es zu einem sprunghaften Anstieg der Migration aus Afrika und dem Nahen Osten nach Europa, was einerseits mit einem Komplex aus Krieg, Bürgerkrieg, Armut, Korruption, Überbevölkerung, wirtschaftlicher Perspektivlosigkeit und politischer Repression zu tun hat, andererseits mit Einkommenssteigerungen in den Herkunftsländern, die die Migrationsoption überhaupt erst eröffneten (Collier 2014). Diese vielfältigen Migrationsbewegungen fanden ihre vorläufig dramatischste Zuspitzung in der Flüchtlingskrise von 2015 ff. Bereits zuvor hatten die mit der EU-Osterweiterung schlagartig zunehmenden Einkommensunterschiede innerhalb Europas die Binnenmigration – vornehmlich aus den osteuropäischen Ländern – erheblich anwachsen lassen, eine Entwicklung, die sich im Zuge der Finanzkrise nochmals intensivierte; nun betraf sie vornehmlich Menschen aus den südeuropäischen Krisenländern.

Das – in extremer Verkürzung – ist die Ausgangslage. Es ist offensichtlich, dass die jeweiligen Wirtschafts- und Wohlfahrtsmodelle von den hier skizzierten Entwicklungen recht unterschiedlich betroffen sind. Trotzdem muss das in Erinnerung gerufen werden, weil es die Frage nach der Varianz populistischer Motivlagen unmittelbar betrifft: Genau diese unterschiedlichen Muster, so die These, können nämlich die geografische Verteilung des populistischen Protests erklären. Die Erklärung lautet, mit einigem Mut zu vereinfachenden Kontrastierungen: Migration wird dort politisch zum Problem, wo der Wohlfahrtsstaat großzügig *und* zugänglich ist (Kontinental- und Nordeuropa). Das sind zugleich die Länder, denen Außenhandelsöffnung, freier Warenverkehr, kurz: Güterglobalisierung geringere Probleme bereitet, und zwar *weil* der Wohlfahrtsstaat großzügig und umfassend ist, *weil* sozialpolitische Kompensation die Verteilungsfolgen der freien Bewegung von Gütern und Kapital entschärft (ein Zusammenhang, auf den ich in Kapitel 3 detaillierter eingehen werde). Dieser Umstand, so die weitere These, definiert bereits eine unterschiedliche Krisenbetroffenheit in Süd- und Nordeuropa, weil das südeuropäische Wirtschaftsmodell weniger auf Export als vielmehr hauptsächlich auf Binnennachfrage setzt und der Verlust der geldpolitischen Souveränität daher hier besonders schwer wiegt (für die Erklärung, *warum* ein Zusammenhang besteht zwischen partikularem Wohlfahrtsstaat einerseits und geringerer internationaler Wettbewerbsfähigkeit andererseits, sei erneut auf Kapitel 3 verwiesen). Zugleich ist in Südeuropa der Wohlfahrtsstaat zwar ebenfalls großzügig, aber für Migranten im Regelfall nicht zugänglich, da seine Leistungen weitgehend auf Arbeitsmarkt-Insider gerichtet sind bzw. der Leistungszugang klientelistisch geregelt ist. Migration, selbst in hohen Zahlen, wird dann zumindest nicht zu einem sozialpolitischen Verteilungsproblem, sie erzeugt Welten unterhalb der etablierten mehr oder weniger klientelistischen Ordnungen. Hierin, so die These, liegt dann die unterschiedliche politische Ausrichtung des Protests wesentlich begründet: In Südeuropa richtet er sich linkspopulistisch eher gegen die »neoliberale« Wirtschaftsordnung, also die freie Bewegung von Gütern und Kapital, sowie die fiskalpolitische Zurückhaltung des Staates (»Austerität«); in Nordeuropa eher gegen Migration, also rechtspopulistisch gegen die freie Bewegung von Personen.

Das ist die Kurzversion der Erklärung, die in Kapitel 3 für die unterschiedliche Ausprägung des Populismus in der Nord/Süd-Dimension ausführlicher entwickelt (und dann in Kapitel 5 empirisch überprüft) wird. In der Ost/West-Dimension hingegen sind wir mit zwei Ländergruppen konfrontiert, den osteuropäischen Staaten auf der einen Seite und den angelsächsischen auf der anderen, die keine großzügigen Wohlfahrtsstaaten vorhalten, einmal weil sie ökonomisch nicht können (Osteuropa), einmal weil sie politisch nicht wollen (angelsächsische Länder). Wenn wir uns auf den europäischen Kontext beschränken, finden wir dort insofern politisch miteinander korrespondierende Reaktionen, als es nach der EU-Osterweiterung vornehmlich die osteuropäischen Länder sind, aus denen jene Arbeitsmigranten stammen, die auf dem relativ flexiblen Arbeitsmarkt des liberalen Modells, also insbesondere dem Großbritanniens, teilweise auch Irlands, leicht Zugang finden – das ist im Wesentlichen die Geschichte des Brexit (Dennison/Geddes 2018).

Hier entzünden sich die Konflikte vornehmlich am Arbeitsmarkt, nicht am Sozialstaat (und es handelt sich eher um innereuropäische denn um außereuropäische Migration, nicht zuletzt auch, weil die Insellage Großbritannien davor bewahrt, vollständig dem europäischen Asylrechtssystem unterworfen zu sein; das Drama des sogenannten »Dschungels von Calais« hat das sinnfällig werden lassen). Das betrifft dann jedoch andere Arbeitsmarktgruppen, nämlich tendenziell nicht die Insider, wie in Nord- und Südeuropa, sondern eher die Outsider.

Protest regt sich daher weniger unter Industriearbeitern in regulären Beschäftigungsverhältnissen (Insider), sondern eher unter gering Qualifizierten im Dienstleistungssektor, die auf dem Arbeitsmarkt direkter Konkurrenz ausgesetzt sind,[9] oder unter den Verlierern der großen ökonomischen Transformation, die Osteuropa nach 1990 erlebte, also etwa unter den vormals in der Landwirtschaft oder der Schwerindustrie Beschäftigten (Outsider).

Daraus resultiert ein anderes geografisches Verteilungsmuster. Es sind dann tendenziell nicht die wohlhabenden, weltwirtschaftlich hoch verflochtenen Regionen (beispielsweise nicht der Süden Deutschlands oder der Norden Italiens), in denen sich (rechts)populistischer Protest artikuliert, sondern ländliche Gebiete. In den USA wenden sich die »deplorables« im Landesinnern gegen die »bi-coastal elite«, in Ungarn, Polen oder der Türkei mobilisieren Fidesz, PiS und AKP die konservative und arme Landbevölkerung gegen die kosmopolitischen Eliten in Budapest, Warschau, Brüssel und Istanbul. Der Brexit schließlich stellt gemäß dieser Interpretation einen Aufstand des abgehängten Nordens gegen den obszönen Reichtum der »anywheres« der Londoner City dar, die ihr Desinteresse gegenüber dem Rest des Landes und dessen ökonomischem Schicksal ostentativ zur Schau stellen. In diesem Kontext, so zumindest meine Annahme, passt die Modernisierungsverlierer-These noch am ehesten zum tatsächlichen Geschehen, und es ist diese Konstellation, die Erzählungen vom aufrechten »heartland« und den verkommenen Metropolen ermöglicht, vom »pays réel«, für das im »pays légal« keinerlei Verständnis, sondern nur noch Verachtung zu finden sei.[10]

Der Unterschied zwischen der hier zunächst nur grob skizzierten Erklärung (ausführlicher dazu Kapitel 3) und gängigen Ansätzen besteht also einerseits darin, dass ich eine ökonomische Interpretation anbiete und den Populismus nicht – wie es zumindest in Bezug auf den Rechtspopulismus überwiegend der Fall ist – als ausschließlich kulturellen Abwehrreflex deute.[11] Andererseits nehme ich je nach Politischer Ökonomie unterschiedliche Ursachenkomplexe an, unterstelle also nicht *den einen* Verursachungszusammenhang und nicht *den einen* Populismus-affinen Wählertypus. Anders als die vorherrschende Herangehensweise nehme ich zudem Rechts- *wie* Linkspopulismus in den Blick,[12] was gleichzeitig bedeutet, die südeuropäischen Länder systematisch in den Vergleich einzubeziehen, die bislang in vielen Untersuchungen gänzlich unberücksichtigt geblieben sind.

Ich wähle daher auch einen anderen methodischen Zugang. Im Gegensatz zur überwiegenden Herangehensweise (wenn überhaupt empirisch gefragt und nicht einfach nur normativ geklagt wird) beginnt meine Analyse nicht mit der Untersuchung von Umfragedaten und der Ausgangshypothese, dass sich darin über Länder hinweg relativ invariante Verursachungszusammenhänge für populistischen Protest zeigen müssten.[13] Stattdessen steht die Beobachtung von geografischer Varianz des populistischen Phänomens am Anfang, verbunden mit der Vermutung, dass diese sich mit den je nach Politischer Ökonomie jeweils unterschiedlichen Problemlagen und politischen Reaktionsmustern erklären lässt. Das macht es notwendig, kontextspezifisch unterschiedliche Faktoren des Protests zu identifizieren. Solche Faktoren können von einem nicht weiter differenzierenden Vergleich verdeckt werden, weil sie sich möglicherweise wechselseitig neutralisieren. Um ein weiteres Beispiel anzuführen:

Wenn es nur in der einen Politischen Ökonomie die Arbeitslosen sind, die rechtspopulistisch wählen, in einer anderen hingegen nicht, verbliebe in der gemeinsamen Betrachtung Arbeitslosigkeit auch dann ohne Erklärungskraft für die Ausprägung politischen Protests, wenn sie in einem bestimmten Zusammenhang ursächlich ist. Der daraus regelmäßig gezogene Schluss, ökonomische Faktoren könnten somit ja keine Rolle gespielt haben, wäre jedoch trotzdem ein Fehlschluss.

Mein hierzu alternatives Erklärungsschema geht von der Beobachtung regionaler Varianz aus, von geografischen Mustern der Probleme und daher auch von entsprechenden Mustern der politischen Problemreaktionen, nicht von individuellen Betroffenheiten und Entscheidungsmotiven, die – wenn sie in Umfragen erhoben werden – diese Muster leicht überdecken können. Dahinter steht eine eigentlich triviale Einsicht, die dennoch in vielen Studien zum Thema unberücksichtigt bleibt, dass nämlich die unterschiedlichen Politischen Ökonomien ganz unterschiedlich herausgefordert sind, dass also Migration oder verschärfte Weltmarktkonkurrenz sie *systematisch* vor unterschiedlich stark ausgeprägte Probleme stellen. Es gilt das *Anna-Karenina*-Prinzip: Jede Politische Ökonomie ist auf ihre ganz eigene Art unglücklich.[14] Dann aber erscheint es plausibel, dass in erster Linie unterschiedlich ausgeprägte Probleme in Ausrichtung und Stärke unterschiedlichen politischen Protest erklären, den diese Probleme hervorrufen. Das ist hier mit einer vergleichenden »Politischen Ökonomie des Populismus« gemeint – *sie muss von unterschiedlichen Kapitalismen handeln, um unterschiedliche Populismen zu erklären.* Schließlich unterscheidet sich das in diesem Buch entwickelte Argument auch insofern von den einschlägigen Herangehensweisen, als die

Effekte von Migration wesentlicher Teil der Erklärung sind. Migration wird aber in der Vergleichenden Politischen Ökonomie selten systematisch behandelt, eine Unterlassung, die angesichts der Dringlichkeit und des Ausmaßes des Phänomens als zunehmend problematisch erscheint.[15]

Zum Aufbau des Buches: Das folgende Kapitel 2 diskutiert zunächst die eher in der breiteren Öffentlichkeit geführte Debatte und kritisiert die in ihr mittlerweile vorherrschende Sichtweise, Populismus im Wesentlichen als eine *Intensität ohne Inhalte* zu verstehen, ihn lediglich als einen besonders antagonistischen Politikmodus zu betrachten und die jeweiligen politischen Positionen sowie Forderungen auszublenden. Dabei bezieht sich dieses Kapitel besonders auf die deutsche Debatte der jüngeren Vergangenheit, geht aber teilweise auch auf die internationale Diskussion ein. Kapitel 3 befasst sich dann stärker mit der einschlägigen politikwissenschaftlichen Forschung, insbesondere der Wahl- und Parteienforschung. Meine Kritik richtet sich hier gegen die ausgeprägte Tendenz zur »Kontextfreiheit«, welche die jeweiligen Problemlagen, die jeweilige Verfasstheit von Arbeitsmarkt und Wohlfahrtsstaat, oder kurz: der Politischen Ökonomie, völlig oder doch weitgehend ignoriert.

Aus dieser Kritik entwickle ich in Kapitel 3 eine alternative Erklärung und benenne deren wichtigste empirische Implikationen, das heißt, ich entwerfe den Analyserahmen, der die beiden Kapitel 4 und 5 anleitet. Kapitel 4 ist dem deutschen Fall gewidmet, also dem Aufstieg der Alternative für Deutschland (AfD). Die zentrale Frage dieses Kapitels ist die nach den Gründen des AfD-Wahlerfolgs – und die Antwort erfolgt auf der Grundlage der Auswertung einer umfangreichen neuen Datenquelle, nämlich der kombinierten Wahlbezirks-, Regional- und Arbeitsmarktstatistik für die

Bundestagswahl vom September 2017. Kapitel 5 weitet die Analyse auf den europäischen Kontext aus und testet die in Kapitel 3 formulierten Hypothesen im Nord/Süd- und Ost/West-Vergleich. Kapitel 6 schließt mit einem – eher melancholischen – Ausblick auf das Europäische Projekt.

2. Populisten vs. Elite, Elite vs. Populisten

2.1 *Eine hitzige Debatte*

Bei den Diskussionen, die momentan unter dem Oberbegriff »Populismus« geführt werden, gewinnt man mitunter den Eindruck, hier gäben vornehmlich Repräsentanten der Oberschicht zu Protokoll, wie sehr sie mittlerweile von der Unterschicht angewidert sind. Denn die wählt doch tatsächlich anders, als ihr vorher – natürlich nur mit den allerbesten Absichten und mit sehr viel guten Gründen – nahegelegt wurde: für das wirtschaftlich verheerende und komplett irrationale Leave statt für das vernünftige Remain; für einen Troll als Präsidenten statt für eine erfahrene und seriöse Profipolitikerin; für den Rückfall in solche Atavismen wie Abschottung, Nationalismus und »Unmenschlichkeit« statt für Weltoffenheit, die Vereinigten Staaten von Europa und »Mitmenschlichkeit«. Aber was tun, wenn die Leute nicht wählen, wie sie sollen? Zur Rettung der Demokratie die Wahlen abschaffen (Van Reybrouck 2017) oder einfach die Idioten von ihnen ausschließen (Brennan 2017)? Für die US-Demokraten sollen Trumps Russlandverbindungen den Weg zum Impeachment ebnen, um auf diesem Weg den historischen Irrtum des amerikanischen Volkes zu korrigieren, Hillary Clinton nicht zur Präsidentin gewählt zu haben. Man fragt sich bisweilen, wer genau hier eigentlich gerade dabei ist, jegliche Rücksicht aufzugeben – die Populisten oder ein sich selbst als »liberal« etikettierendes Milieu, das inzwischen seinerseits dem Kokettieren mit Tyrannenmorderzählungen und anderen politischen Gewaltfantasien einiges abgewinnen kann (Bromwich 2017)? Oder beide zusammen?

Die Definition von »populistisch« als beliebte Bezeichnung für einen Politiker, der eine andere Meinung vertritt, hat angesichts dieser Diskussionslage weiterhin viel für sich. Das ist im Wesentlichen ein Vorschlag zur sofortigen Beendigung der Debatte – aber dann würden wir auch nicht danach fragen können, warum die politische Auseinandersetzung zuletzt so hitzig und polarisiert geworden ist und was den Aufstieg eines neuen Parteientyps, der »dem Establishment« den Kampf ansagt, erklären kann. Deswegen ist eine Erörterung des populistischen Phänomens trotz allem vordringlich. Dabei ist ein alternativer Definitionsvorschlag, auf den sich zuletzt fast alle einigen zu können scheinen und der verspricht, den Populismusbegriff nicht lediglich als politischen Kampfbegriff zu nutzen, von Jan-Werner Müller formuliert worden. Müller schlägt vor, Populismus rein formal zu verstehen, also unabhängig von jeglicher inhaltlichen Ausrichtung. Er stellt dabei auf den moralischen Alleinvertretungsanspruch der Populisten ab, ihren offensichtlichen Antipluralismus, wenn sie das wahre (und reine) Volk, zu dessen authentischen Sprechern sie sich zuvor selbst ernannt haben, den korrupten, völlig losgelösten Eliten gegenüberstellen.

Für Müller ist daher klar: »beim Populismus geht es nicht um politische Inhalte« bzw. »Populismus ist immer eine Form der Identitätspolitik« (Müller 2017 [2016], S. 93, S. 3)[1] – »wir gegen sie«, aber eben eine Form der Identitätspolitik, die dem anderen die Legitimität grundsätzlich abspricht. Müller folgt dabei ausgewiesenen Experten für die neuen populistischen Parteien wie Cas Mudde und Cristóbal Rovira Kaltwasser, die in diesem Zusammenhang von einer »dünnen Ideologie« sprechen, von einem »Satz an Ideen, die in Verbindung mit recht verschiedenen, teilweise widersprüchlichen Ideologien auftreten«, und feststellen, Populismus sei »unverbunden mit der Links/rechts-Unterscheidung« (Mudde/Kaltwasser 2017, S. 6).[2] Auch der Präsident des Bundesverfassungsgerichts, Andreas Voßkuhle, meint, dass es sich beim Populismus um eine Strategie handelt, »die mit nahezu jeder beliebigen inhaltlichen Ausrichtung kombiniert werden kann. [...] [A]n den konkreten politischen Zielen kann man eine populistische von einer nicht-populistischen Bewegung also nicht unterscheiden« (Voßkuhle 2017). Diese Sicht hat sich offensichtlich schon so weit durchgesetzt, dass bei aller verbleibenden Unklarheit über das populistische Phänomen doch zumindest das als sicher und völlig unkontrovers gelten soll: »Unbestreitbar ist allein, dass der Populismus mehr Form als Inhalt ist und mehr Stil als Programm« (Joppke 2017).

Aber ist dem wirklich so? Was leistet der Vorschlag, Populismus allein als Antipluralismus zu fassen, als Kennzeichnung einer besonderen Intensität politischer Ausgrenzungsrhetorik zu verstehen? Läuft das nicht Gefahr, lediglich für eine »Verschiebung der Streitgegenstände ins gleichsam Musische« (Dietmar Dath) zu sorgen? Wenn man meint, Populismus sei »mehr Form als Inhalt, mehr Stil als Programm« (vgl. Moffit 2016), wird die Kritik an ihm zur reinen Stilkritik: Ein pikiertes Bürgertum möchte, dass die Ungewaschenen sich doch bitte erst mal waschen, bevor sie artig am Diskurstisch Platz nehmen dürfen. Dass man, solange das nicht geschieht, auch über ihre Inhalte nicht weiter zu sprechen braucht, ist dann ja nur ein ganz angenehmer, aber natürlich völlig unbeabsichtigter Nebeneffekt. Aber damit dementiert sich die antipluralistische Definition nur andauernd selbst. Ihre Suggestion, »Komm zurück, wenn der Schaum vorm

Mund weg ist, dann können wir über alles reden«, erscheint primär als ein Instrument der Selbstberuhigung und Auspolsterung bürgerlicher Sekurität und spielt im Kern die diskursiven Ausgrenzungsstrategien der Populisten nur zurück – der inflationäre Populismusvorwurf als Abwehrreflex eines Milieus, das seine Diskurshegemonie schwinden sieht (vgl. Stegemann 2017, S. 31).

Notwendig ist stattdessen ein substanzielles Konzept, das dann auch Fragen nach der Varianz zu beantworten hätte, also nach den Gründen, warum der Populismus hier so, etwa rechts, und dort anders, etwa links, auftritt. Denn der Populismus ist ja eben nicht, wie Mudde und Kaltwasser meinen, *unverbunden* mit links oder rechts. Das so zu sehen ist meines Erachtens analytisch unpräzise. Er ist vielmehr – so zumindest meine These – aus *systematischen* und nicht nur *zufälligen* Gründen manchmal auf der linken und manchmal auf der rechten Seite des politischen Spektrums verortet. Wenn man beginnt, nach den Ursachen für diese Unterschiede zu fragen, sich also auf die politischen Inhalte einlässt, wird es vielleicht möglich sein, ein besseres Verständnis dieses zunehmenden politischen Protestverhaltens zu entwickeln (siehe Kapitel 3).

2.2 *Die Ungewaschenen*

Das Absehen von den inhaltlichen Positionen und das alleinige Abstellen auf die Ausgrenzungsrhetorik der Populisten mag zunächst den Vorteil haben, den Populismusbegriff aus dem direkten Streit herauszuhalten, bedeutet aber eben zugleich auch, dass man es sich erlaubt zu ignorieren, um was es eigentlich politisch genau geht, wie die Positionen aussehen und warum. Das ist zumindest kompatibel mit der in dieser Debatte vorherrschenden Haltung, dass den populistischen Positionen die Unvernunft ohnehin so offensichtlich innewohnt, dass darüber kein weiteres Wort zu verlieren sei – was nichts anderes ist als die Selbstdementierung des pluralistischen Plädoyers, mit dem man zuvor hantiert hatte, um überhaupt erst ein Konzept des Populismus zu gewinnen. Insbesondere vermeidet man es so, grundlegende Verteilungs- und Knappheitsfragen zu thematisieren, etwa Fragen nach den Gewinnern und Verlierern von »Weltoffenheit und Mitmenschlichkeit«, Fragen, die zu stellen eine Mittelschicht nicht länger für schicklich hält, in deren lebensweltlicher Realität Knappheit nicht mehr prominent vorkommt.

Zumindest scheint die Beobachtung nicht völlig irrelevant, und das ist jetzt überhaupt nicht zynisch gemeint, dass emphatische Bekenntnisse zu maximaler kosmopolitischer Moral stabil mit gewissen sozioökonomischen Eigenschaften derer korrelieren, die solche Positionen vorzugsweise vertreten – »die Wohlmeinenden und die Wohlhabenden« (Bernd Stegemann). Und umgekehrt sind sie eher selten unter denjenigen anzutreffen, die der Lohnkonkurrenz in niedrigproduktiven Dienstleistungsberufen ausgesetzt sind. Die Wählerschaft sozialdemokratischer Parteien hat sich grundsätzlich gewandelt (Häusermann 2018), die neuen Mittelschichten sind in ihnen mittlerweile weit stärker repräsentiert als die Mitglieder der alten Arbeiterklasse. Das hat zu korrespondierenden Änderungen in der ideologisch-programmatischen Ausrichtung dieser Parteien geführt – aber ist es dann die Schuld von Dienstleistungs- und Industrieproletariat, sich von ihnen nicht mehr vertreten zu fühlen?[3]

Schließt man die sozioökonomischen Voraussetzungen der eigenen Haltung und die der Haltung anderer systematisch aus der Debatte aus, weil man den Diskurs nur im Register der Moral führt, versagt man als Elite. Dem Blick von außen fällt es offensichtlich leichter, dies zu erkennen:

> Die Unfähigkeit und die mangelnde Bereitschaft liberaler Eliten, die Migration und deren Folgen zum Gegenstand der Diskussion und der politischen Auseinandersetzung zu machen, wie auch die Behauptung, die gegenwärtige Politik sei für alle Beteiligten von Vorteil (eine Win-win-Situation), haben dazu geführt, dass der Liberalismus in den Augen vieler Menschen zum Synonym für Heuchelei geworden ist. (Krastev 2017, S. 32; siehe auch S. 61)

Die Selbstgerechtigkeit empört die Verlierer vorhersehbar: Aber ist die Empörung dann als *schrille Empörung* illegitim – und wer legte das fest? Und warum sollten sich die Empörten darum scheren, wenn ihnen auch das noch attestiert würde? Man macht es sich zu bequem, im populistischen Protest »nur eine allgemeine Verrohung zu sehen, der man mit noch mehr moralischer Bevormundung begegnen muss« (Stegemann 2017, S. 68). Ein allein auf die Schärfe der Abgrenzungsrhetorik abstellender Populismusbegriff wird in diesem Konflikt parteiisch, weil er mit dem Status quo liiert ist. Er wird Teil der Elitenselbstvergewisserung oder muss dann zumindest so verstanden werden: Die Kritik an uns ist populistisch – und daher illegitim. »Hier leidet die Analyse [...] darunter, dass die Interpretation des Populismus aus der Perspektive jener Eliten stattfindet, die von den Bürgern als Problem diagnostiziert werden« (Jann 2017, S. 281).

Das systematische Ausblenden ökonomischer Faktoren gehört in diesen Kontext. Selbst dort, wo der Befund von der »Proletarisierung des Protests« lautet, dass es insbesondere Industriearbeiter sind, die populistisch wählen, wird dies einerseits als »puzzle« bewertet (Bornschier 2018) – andererseits wird dieses »Rätsel« weitgehend umstandslos kulturell aufgelöst. Dann ist es also die »regressive Renaissance der weißen und männlichen Industrielohnarbeiterklasse« mit ihrer »starken und distinkten sozio-*kulturellen* Identität« (Eiden-Offe 2018, S. 27, S. 18, meine Hervorhebung), in der man meint, den Schuldigen identifiziert zu haben. Für einige löst sich das Problem also durch die »Alterisierung« des populistischen Wählers, durch akademische Formen des »Pack«-Hinterherrufens. Für substanzielle Teile der Sozialwissenschaften scheint das Problem tatsächlich darin zu liegen, dass Arbeiter keine Akademiker sind – und deswegen zum Beispiel weniger Bildung besitzen, was sie weniger weltoffen und tolerant mache.[4]

Aber auch weniger affektgeladene oder auch nur selbstbezogene Diagnosen fallen ähnlich aus: Der sich im Populismus manifestierende Streit sei »nicht primär ein Streit über die Ökonomie und die gerechte Verteilung von Ressourcen, sondern einer über die Kultur und die Definition von Identitäten« (Oesch 2013, S. 34).[5] Diese Behauptung determiniert dann wiederum, wie mit dem Konflikt politisch umzugehen sei, denn es ist ja offensichtlich, dass etwas, das nur als reines Ressentiment aufscheinen kann, sich nicht ernsthaft politisch repräsentieren lässt.[6] Im Weiteren zieht der Konflikt dann seine Energie im Wesentlichen aus sich selbst.

Aber diese pauschale Diagnose von der Kulturalisierung der Politik will nicht so recht zu einem insgesamt komplexen, zwischen den Ländern erheblich variierenden Bild passen. Will jemand ernsthaft argumentieren, schwedische Arbeiter seien systematisch fremdenfeindlicher als spanische? Und zwar von Natur aus? Für sich genommen ist jeder dieser Konflikte natürlich immer auch ein kulturelles Phänomen. Es wird mit vertrauten Stereotypen argumentiert und es werden anschlussfähige Personifizierungen vorgenommen, deren Herkünfte auf jeweils spezifische Geschichten verweisen. In den USA gilt dies etwa für die Konfrontation zwischen den »deplorables« im Landesinnern und der Ost- und Westküstenelite. Ähnliche Stadt/Land-Spaltungen sind für den Brexit offensichtlich und bestimmen auch die Konfliktlinien in Polen, Ungarn und der Türkei. Das heißt aber nicht, dass die Kultur den Grund dafür abgibt, dass diese Deutungsangebote ihre Wirkungen entfalten können. Ganz im Gegenteil: Ohne die Berücksichtigung der ökonomischen Verteilungsdimension, die den Konflikten zugrunde liegt, wird man die entsprechende Dynamik kaum erfassen und verstehen können: dass beispielsweise die Globalisierungsverlierer Osteuropas eher auf dem Land oder in den alten Zentren der Schwerindustrie und des Bergbaus zu finden sind und die Gewinner eher in den Städten, kann wohl nicht ernsthaft bezweifelt werden (Ther 2014). Dass der Beitritt zur EU die Bauern in Ostmitteleuropa schockartig in Konkurrenz zu einer extrem hochgezüchteten und über Jahrzehnte massiv subventionierten westeuropäischen Landwirtschaft gesetzt hat und dass dies existenzielle Ängste auslöst, ist ebenfalls evident.

Will man dann den Überbringer der schlechten Nachricht, dass Globalisierung (hier als Europäisierung) auch Verlierer produziert, beschimpfen? Natürlich entschuldigt oder rechtfertigt eine solche Analyse nicht die Demontage einer unabhängigen Judikative, die die polnische PiS momentan betreibt, oder die Entmachtung unabhängiger Medien, die in Ungarn zu beobachten ist. Aber zum einen ist unklar, ob das ein generelles Signum rechtspopulistischen Regierens ist oder eher ein mittel-osteuropäisches Spezifikum, das etwa in Rumänien in der Substanz ähnlich erfolgt, nur dort halt nicht in Kombination mit einer scharfen Anti-EU-Polemik.

Zum anderen sollte sozialwissenschaftliches Verstehen sich zunächst erst einmal unabhängig machen vom politischen Verurteilen, um jene Faktoren in den Blick nehmen zu können, die die Gestalt seines Gegenstandes bestimmen. Und wenn dieses Verstehen mit Konzepten wie »Globalisierungsverlierer« hantiert, bedeutet das keinesfalls eine herablassende »Pathologisierung bestimmter Gesellschaftsschichten« (Voßkuhle 2017). Eine solche Pathologisierung betreibt vielmehr jene Moralisierung von Konflikten, der Voßkuhle selber das Wort redet, wenn er Populismus als politischen Stil fasst, der völlig unabhängig von gegebenen Problemlagen zu verstehen sei.

Zumindest – so viel lässt sich vielleicht auch vor dem Hintergrund eines noch recht unvollständigen Forschungsstandes sagen – sollte man nicht per Definition ausschließen, dass es spezifische sozioökonomische Lagen gibt, die zu populistischem Protestverhalten führen und die auch dessen jeweilige politische Ausprägung – links oder rechts – erklären. Die Mechanismen können durchaus nichttrivial sein, denn häufig »steht der neue Populismus nicht für die Verlierer von gestern, sondern für die voraussichtlichen Verlierer von morgen« (Krastev 2017, S. 96), geht es bei ihm nicht notwendigerweise um die Verlierer, sondern um die, die etwas zu verlieren haben. Natürlich ist grundsätzlich denkbar, dass wir es eher mit einem Kulturkampf zu tun haben, einem *cultural backlash* gegen den seit den siebziger Jahren vollzogenen Wertewandel, und gar nicht so sehr mit wirtschaftlichen Problemen der Modernisierungsverlierer,[7] oder mit einer komplizierten Kombination aus kulturellen Deutungs- und ökonomischen Verteilungskämpfen. Aber diese bislang offenen Fragen sollten nicht durch eine spezifische Fassung des Populismusbegriffs präjudiziert werden, auch und vor allem deshalb, weil man sich so von vornherein der Möglichkeit begibt, etwas zur sozialen und geografischen Varianz seines Auftretens aussagen zu können.

Schließlich ist auch nicht klar, wie operationalisierbar ein auf einen moralischen Alleinvertretungsanspruch abstellender Populismusbegriff eigentlich ist. Die Ausgrenzungsrhetorik scheint doch eher wechselseitig zu sein. »Schande«, »Pack«, »braune Brut« – man hat nicht den Eindruck, dass irgendwer besonders zimperlich in seiner Wortwahl wäre. Immer ist auf beiden Seiten schon ganz klar, wer eigentlich legitimerweise dazugehört und wer offenkundig nicht.[8] Die Auseinandersetzung ist längst in »Ritualen gegenseitiger Verächtlichmachung« erstarrt: »›Wir sind das Volk‹ – ›Ihr seid das Pack‹« (Koppetsch 2017, S. 211). Und wenn Populismus darüber definiert werden soll, dass die Populisten keinen offenen Diskurs wollen, »weil die richtige, ›symbolisch korrekte Antwort‹ bereits determiniert ist« (Jann 2017, S. 289), scheint das moralisch hochagitierte Gegenlager, das sich bereits in einer präfaschistischen Konstellation wähnt, auf diese Weise kaum weniger treffend charakterisiert. Selbst wenn es nur die Reaktion auf die populistische Ausgrenzung wäre, die nun ihrerseits ausgrenzt, wenn es nur jene »Null-Toleranz-Haltung« sein sollte, die man der Intoleranz schuldig zu sein meint, kommt man mit dem vorgeschlagenen Konzept in einer solchen Lage ganz offenkundig nicht weiter.

2.3 *Was nun?*

Was bedeutet das nun für unser Verständnis des neuen populistischen Phänomens? Es heißt zunächst, dass wir den politischen Gehalt des jeweiligen Populismus ernst nehmen sollten. Selbst wenn wir Populismus als eine »dünne Ideologie« charakterisieren (Mudde 2004),[9] wäre doch zu klären, warum er sich wo mit dichteren »host ideologies« verbindet und dabei manchmal als zentrale Referenzgröße »Nation« wählt, manchmal »Klasse«, mal in Verbindung mit dem Nationalismus tritt, mal in Verbindung mit der radikalen Linken. Und auch wenn wir alternativ dazu Populismus als eine neue »Strategie der Machteroberung« definieren wollen (Jörke/Selk 2017), die etablierte Repräsentationswege verlässt (und diese zugleich diskreditiert), die sich neuer Kommunikationsmittel und neuer Organisationsformen bedient und dabei auch mit der hergebrachten politischen Semantik bricht, wäre zu klären, warum es denn den neuen *politischen Entrepreneuren* bei ihren Anläufen zur Eroberung politischer Macht mal aussichtsreich erscheint, eine linke Mobilisierungsstrategie zu wählen, mal eine rechte. Hierauf gibt es erst ansatzweise Antworten (Rodrik 2018).

Sie skizzieren einen Zusammenhang zwischen dem jeweiligen Wirtschaftsmodell, dem Wohlfahrtsstaat und der Form der außenwirtschaftlichen Einbettung auf der einen Seite und der spezifischen Herausforderung durch die Globalisierung und des politischen bzw. populistischen Protests gegen sie auf der anderen. Der Vorschlag lautet also, sich auf eine Betrachtung der verschiedenen Kapitalis*men* einzulassen,[10] um die unterschiedlichen Populis*men* zu erklären. Aus dieser Perspektive scheint der südeuropäische Linkspopulismus eine Reaktion auf die Krise eines Wachstumsmodells zu sein, das eigentlich nationale geldpolitische Souveränität zur Nachfragestimulierung benötigen würde, eine Souveränität, die mit der Einführung des Euro aufgegeben wurde. Der Rechtspopulismus des nördlichen Europas erscheint im Gegensatz dazu nicht als eine Reaktion auf die Verteilungsfolgen durch den Verlust der nationalstaatlichen Souveränität über Geld, sondern als Reaktion auf die Verteilungsfolgen durch den Verlust nationalstaatlicher Souveränität über Grenzen.

Es geht also einmal um die freie Bewegung von Gütern und Geld sowie deren distributiven Effekte, einmal um die Verteilungsfolgen der freien Bewegung von Personen (Hobolt/Tilley 2016). Damit sind Grundprinzipien der europäischen Ordnung angegriffen, die dem Suprastaatlichen in immer mehr Handlungsbereichen Vorrang vor dem Nationalstaatlichen eingeräumt haben. Die Vehemenz des Protests, sein disruptiver Charakter, würde sich dann auch aus dem Umstand erklären lassen, dass diese Ordnung mittlerweile institutionell (»die Verträge«) so verfestigt ist, dass der einfache demokratische Machtwechsel auf nationaler Ebene als Korrekturmechanismus nicht mehr zu verfangen scheint.

Ein solches vergleichendes Erklärungskonzept soll im folgenden Kapitel an zwei konkreten Beispielen, der Außenhandelsöffnung und dem liberalen Migrationsregime Europas, im Rahmen einer Politischen Ökonomie des Populismus detaillierter entwickelt werden.

3. Der Populismus und die Politische Ökonomie der Globalisierung

3.1 Nord und Süd, Ost und West, links und rechts – Varianten des Populismus

Meine Ausgangsbeobachtung ist die einer ausgeprägten geografischen Varianz. Populistische Parteien verzeichnen zwar in vielen Ländern Zulauf, blicken wir jedoch auf die parteipolitische Landkarte Westeuropas, zeigt sich rasch ein wichtiger Unterschied: In Südeuropa herrscht der Linkspopulismus vor – Syriza, Movimento Cinque Stelle,[1] Podemos, La France insoumise. Je weiter man aber nach Norden kommt, desto rechtspopulistischer wird es – FPÖ, SVP, der Front (jetzt: das Rassemblement) National, Geert Wilders' PVV, der Vlaams Blok, AfD, Ukip, die Dansk Folkeparti, die Schwedendemokraten und Die Finnen, die früher die Wahren Finnen hießen. Zwar scheint der aktuelle Wandel der Lega von einer »ethno-regionalistischen« zu einer rechtspopulistischen Partei diesem Befund zu widersprechen, aber einerseits muss man ihm den Erfolg des linkspopulistischen Movimento Cinque Stelle entgegenhalten, das bei der letzten Parlamentswahl mit 32,7 Prozent immerhin gut doppelt so viele Stimmen erhielt wie die Lega (17,4). Andererseits spiegelt die populistische Zweiteilung Italiens (Lega im Norden, Movimento im Süden) das geografische Muster Europas im Kleinen wider – und wie wir sehen werden, aus identischen ökonomischen Gründen (Kapitel 5). So bleibt das generelle Muster im Großen und Ganzen bestehen: Im Süden ist der Populismus tendenziell links, im Norden tendenziell rechts (vgl. Manow/Palier/Schwander 2018; Mudde/Kaltwasser 2017).

Dass es sich dabei um mehr handelt als ein situatives Bild oder eine nur impressionistische Beobachtung, veranschaulicht Schaubild 3.1. Es zeigt die mit den jeweiligen Stimmenanteilen multiplizierte ideologische Position populistischer Parteien für verschiedene Länder in der Europawahl 2014. Die Europawahlen eignen sich für einen solchen Vergleich sehr gut, weil hier a) in allen EU-Staaten zu ein und demselben Zeitpunkt nach einem weitgehend einheitlichen Wahlrecht abgestimmt wird und weil es sich bei diesem b) um ein Verhältniswahlrecht handelt, das die weitgehende Proportionalität zwischen Stimm- und Sitzanteilen sichert (während einzelne Länder, wie etwa Frankreich und England, bei *nationalen* Parlamentswahlen auf ein stark disproportionales – relatives oder absolutes – Mehrheitswahlrecht setzen, was die Vergleichbarkeit der Stimmenanteile problematisch macht). Schließlich spielen c) strategische Kalküle zu möglichen Regierungskoalitionen bei Europawahlen kaum eine Rolle. Die Stimmen- und dann auch die entsprechenden Sitzanteile können somit als relativ verlässlicher Ausdruck von Wählerpräferenzen interpretiert werden. Zwar kommt Europawahlen der Charakter von – entweder eher innenpolitisch (Hix/Marsh 2007; Marsh 2007) oder zunehmend auch antieuropäisch motivierten (Hobolt/Spoon/Tilley 2008; Manow 2005) – Protestwahlen zu, allerdings gilt dies für alle Länder gleichermaßen, so dass die Vergleichbarkeit der Resultate dadurch ebenfalls nicht grundsätzlich eingeschränkt ist.

Europawahlergebnisse mögen nur eine politische Momentaufnahme bieten, für unsere Zwecke, also für den Vergleich des ideologischen Schwerpunkts des Populismus in einzelnen europäischen Ländern, können wir uns auf diesem Weg jedoch einen soliden ersten Überblick verschaffen. Für die elf ausgewählten Länder lässt sich nun jeweils eine ideologische Position ermitteln, indem man die Stimmenanteile populistischer Parteien mit ihrer jeweiligen Links/rechts-Position multipliziert.[2] Damit erhält man einen einfachen Indikator, der angibt, wie viele Wähler für welche Populismusvariante (links oder rechts) gestimmt haben. Ich habe die Positionswerte der einzelnen Parteien, die ursprünglich von 0 (extreme Linke) bis 10 (extreme Rechte) liefen, auf 0 zentriert, so dass nun negative Werte das linke Parteienspektrum abbilden und positive Werte das rechte. Gibt es in einem Land sowohl links- als auch rechtspopulistische Parteien (wie etwa in Frankreich, wo bei der Europawahl 2014 sowohl der Front National (FN) als auch der Front de gauche antraten, oder in Italien mit dem Movimento Cinque Stelle und der Lega Nord), kann der eine Wert vom anderen einfach subtrahiert bzw. konsolidiert werden. Schaubild 3.1 veranschaulicht das Nord/Süd-Gefälle recht klar; lediglich Frankreich scheint etwas herauszufallen, da es mit dem großen Erfolg des FN deutlich weiter »rechts« positioniert ist, als man zunächst erwarten würde.[3]

Nun ließe sich argumentieren, dass die letzte Europawahl, die *vor* dem Ausbruch der Flüchtlingskrise im Sommer 2015 stattfand, die durch sie ausgelöste neue populistische Protestwelle nicht angemessen abzubilden vermag. Schaubild 3.2 zieht daher die jeweils letzte Parlamentswahl als Grundlage für dasselbe Verfahren zur Ermittlung eines ideologischen Schwerpunkts heran und berücksichtigt dabei für Frankreich die erste Runde der Präsidentschaftswahl vom April 2017 (und lässt den englischen Fall wegen des Mehrheitswahlsystems außer Betracht). Es ergibt sich im Wesentlichen

Schaubild 3.1: Ideologische Position populistischer Parteien, Europawahl 2014

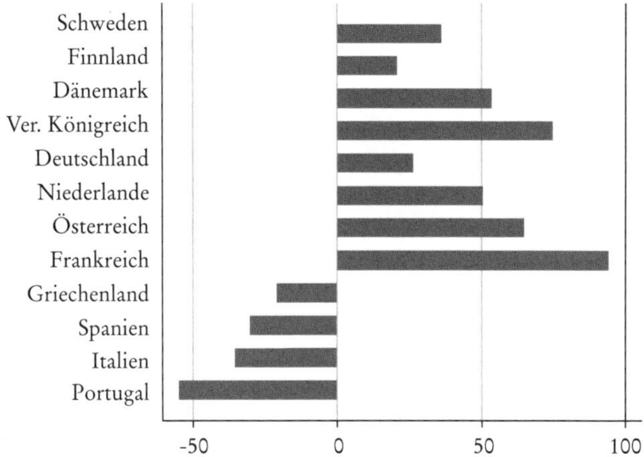

Politische Position der Partei von -5 = extrem links bis +5 = extrem rechts, multipliziert mit ihrem Stimmenanteil *in der Europawahl 2014*, ggf. »konsolidiert« als Verrechnung der Werte linkspopulistischer und rechtspopulistischer Parteien. Quelle: eigene Berechnungen nach www.parlgov.org[4]

ein identisches Bild, das zum Teil sogar etwas ausgeprägter ausfällt, weil die Bundestagswahl von 2017 mit dem starken Abschneiden der AfD in die Berechnung eingeht und der französische Fall nun weniger stark als Ausreißer erscheint, da den 21,3 Prozent für Marine Le Pens Front National die 19,8 Prozent für La France insoumise unter Jean-Luc Mélenchon gegenüberstehen (siehe Schaubild 3.2).[5]

Beide Schaubilder verdeutlichen also übereinstimmend die klare geografische Verteilung von Links- und Rechtspopulismus. Im Großen und Ganzen bliebe das auch von alternativen Einordnungen im Einzelfall unberührt, etwa wenn man Die Linke als linkspopulistische Partei klassifizierte.

Schaubild 3.2: Ideologische Position populistischer Parteien, letzte Parlamentswahl

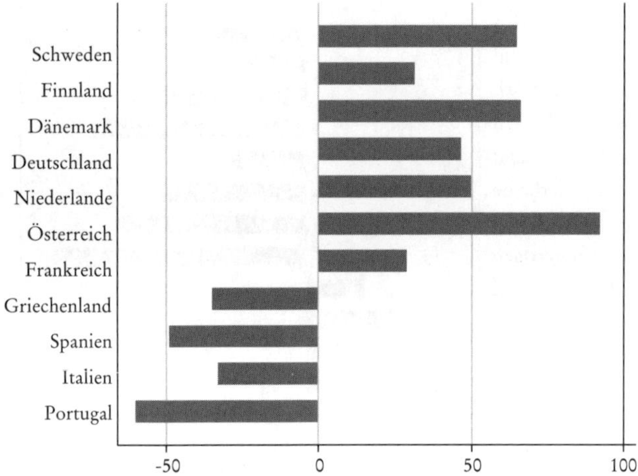

Politische Position der Partei von -5 = extrem links bis +5 = extrem rechts, multipliziert mit ihrem Stimmenanteil *in der jeweils letzten Parlamentswahl* (2015 [Portugal]-2018 [Schweden]), ggf. »konsolidiert« als Verrechnung der Werte linkspopulistischer und rechtspopulistischer Parteien. Quelle: eigene Berechnungen nach www.parlgov.org.

Und da sich der Betrachtungszeitraum über mehrere Jahre erstreckt und Stimmenanteile – bei aller gestiegenen Wählervolatilität – dann doch relativ stabil sind, handelt es sich auch nicht um eine reine Momentaufnahme, sondern um ein recht verfestigtes Muster. Wie aber lässt es sich erklären?

Der Harvard-Ökonom Dani Rodrik hat vor Kurzem die beiden Spielarten des Populismus im Vergleich zwischen Europa und Lateinamerika mit den jeweiligen Formen weltwirtschaftlicher Einbindung, also der Globalisierung, zu erklären versucht (Rodrik 2018; vgl. Manow 2018). Er hat dabei Europa als Ganzes dem Rechtspopulismus zugeschlagen, Lateinamerika dagegen dem Linkspopulismus. Das ist allerdings im Hinblick auf die parteipolitische Geografie Europas korrekturbedürftig, wie die Schaubilder 3.1 und 3.2 verdeutlichen. Gleichwohl ist Rodriks Argument auch für eine Erklärung des Aufkommens europäischer Populismen hilfreich. Dafür muss es freilich ergänzt und spezifiziert werden, um der innereuropäischen Varianz Rechnung tragen zu können. Wie diese Ergänzung aussehen muss, wird in einem zweiten Schritt erörtert. Zunächst soll seine Argumentation in gebotener Kürze zusammengefasst werden.

Populismus ist für Rodrik im Wesentlichen eine Protestartikulation derjenigen, die sich durch Globalisierung benachteiligt oder bedroht sehen. Dabei nimmt er als Globalisierung die grenzüberschreitende Bewegung von Gütern und Geld sowie von Personen in den Blick. Seine Erklärung lautet nun, auf den Punkt gebracht, dass sich Protest linkspopulistisch zeigt, sofern die *Bewegung von Gütern (oder Geld)* als bedrohlich erfahren wird. Wird jedoch die *Bewegung von Personen* als bedrohlich wahrgenommen, so ist der Protest *rechtspopulistisch*. Die Pointe in Rodriks Argument lautet dabei, dass die Bewegung von Personen dort als Bedrohung wahrgenommen wird, wo umfangreiche Wohlfahrtsstaaten zuvor die Bedrohung durch die Bewegung von Gütern entschärft haben.

Das zugrundeliegende Argument ist im Rahmen jener »Kompensationstheorie der Globalisierung« zu verstehen, die Rodrik in den neunziger Jahren maßgeblich mitformuliert hatte (Rodrik 1996, 1997). Aus dieser Perspektive ist der entwickelte Wohlfahrtsstaat vor allem ein Versprechen, dass die potenziellen Verlierer des Außenhandels kompensiert werden. Verlierer aber gibt es nach den Axiomen der ökonomischen Theorie des internationalen Handels immer. Im Regelfall sind das ganz konkrete und daher politisch sehr artikulierungsfähige Gruppen, beispielsweise Stahlarbeiter, denen eine diffuse und daher nicht besonders artikulierungsfähige Masse an Globalisierungsgewinnern, beispielsweise Autokäufer, gegenüberstehen. Stahlarbeiter lassen sich bei drohendem Arbeitsplatzverlust politisch gut mobilisieren, Autokäufer anlässlich einer Verteuerung ihres neuen Fahrzeugs um zehn Euro eher schlecht. Anders als in gängigen Darstellungen, die aus einer Kostenperspektive die Unvereinbarkeit hoher Niveaus sozialstaatlicher Absicherung mit wirtschaftlicher Offenheit behaupten, ist ein entwickelter Wohlfahrtsstaat aus Sicht der Kompensationstheorie also gerade eine politische Voraussetzung der Globalisierung, also eine Voraussetzung liberaler Handelsregime. Der Wohlfahrtsstaat – so die Annahme dieses Ansatzes – entschädigt Globalisierungsverlierer und versöhnt sie dadurch mit der Globalisierung (er kompensiert nicht nur die Verlierer, sondern besorgt auch die Umverteilung des aus freiem Handel resultierenden Wohlstandszuwachses; er legitimiert Globalisierung somit über die Gruppe der direkt Betroffenen hinaus). Das garantiert und stabilisiert die politische Mehrheitsfähigkeit der Öffnung für den Außenhandel.

Die mit der Kompensationstheorie konkurrierende sogenannte Effizienztheorie der Globalisierung hatte stattdessen stets betont, dass ein völlig liberalisierter Außenhandel und großzügige sozialstaatliche Absicherung nicht miteinander vereinbar seien. Ihr gilt der Sozialstaat allein als Kostenfaktor, der Produkte aus dem Weltmarkt herauspreist, da ein generöser Sozialstaat ja immer durch einen weniger generösen unterboten werden kann. Aus diesem Argument speiste sich denn auch das Szenario eines unvermeidlichen sozialstaatlichen Unterbietungswettlaufs (*race to the bottom*), das die Globalisierungsliteratur seit den neunziger Jahren dominierte – und das nie eingetreten ist (Swank 2010). Für den Güterhandel, so zeigte sich, ist der Sozialstaat gar nicht sonderlich problematisch. Auch schwedische Unternehmen sind auf dem Weltmarkt wettbewerbsfähig. Das ist schlicht eine Frage der Produktivität. Ist sie hoch, kann sie generöse sozialstaatliche Standards tragen. Nicht die grenzüberschreitende Bewegung von Gütern, sondern die von Personen, sprich Migration und weitgehende Freizügigkeit, ist es, für die nun auch Rodrik eine Unvereinbarkeit zwischen Sozialstaat und Globalisierung diagnostiziert – und zwar genau für jene Wohlfahrtsstaaten, die zuvor die Verteilungsfolgen des Außenhandels sozialpolitisch erfolgreich minimieren konnten.

Der entwickelte Wohlfahrtsstaat, so Rodrik, kann in einem Ausmaß Ziel von Zuzug werden, das seine ökonomischen Kompensationsfunktionen zunehmend infrage stellt. Hierauf reagiert der rechtspopulistische Protest. Die populistischen Parteien des Nordens wollen daher den »Personenverkehr« beschränken, nicht aber den Güterverkehr – sie sind, im Gegensatz zu ihren südeuropäischen Schwesterparteien, nicht protektionistisch, dafür aber wohlfahrtsstaatschauvinistisch oder -nativistisch.[6] Ihre Programmatik lautet: Umverteilung ja, und die darf ruhig großzügig ausfallen, aber bitte nur für Inländer (Röth/Afonso/Spies 2018). Damit bieten die rechtspopulistischen Parteien einen durchaus neuen programmatischen Mix, nämlich eine Kombination von soziokulturell rechten (Grenzen zu – für Personen, nicht für Güter; Islam- und EU-Kritik; ein Schuss Polemik gegen »Genderwahn« etc.) und sozioökonomisch linken Positionen (pro Umverteilung).

Dass diese neue Kombination für einen Teil der Bürger durchaus attraktiv ist, lässt sich geradezu idealtypisch am rasanten programmatischen Wandel der AfD verfolgen. Im

Kontext der Eurokrise trat die Alternative für Deutschland ursprünglich als ordoliberal eingefärbte Professorenpartei an. Inzwischen fordert sie sogar die teilweise Rückabwicklung der Agenda-Reformen. Ähnliches lässt sich in Frankreich beobachten: Als der konservative Kandidat François Fillon im letzten Präsidentschaftswahlkampf eine umfassende Reform des französischen Wohlfahrtsstaats als radikalisierte Version der deutschen Agenda 2010 in Aussicht stellte, war es der Front National, der ihn als Erster im Namen der Verteidigung der »acquis sociaux« heftig attackierte. Und Marine Le Pen gehörte auch zu den Ersten, die sich mit dem gegen die Reformen Emmanuel Macrons gerichteten Streik der französischen Eisenbahner solidarisierten.

Der Linkspopulismus hingegen, so Rodrik, floriert dort, wo entweder massive Migrationsbewegungen aufgrund geringer Einkommensunterschiede zwischen Herkunfts- und Zielländern gar nicht erst entstehen, oder wo Migranten systematische Zugangsrechte zu großzügigen Sozialleistungen erst gar nicht erwerben – sei es, weil es solche Leistungen nicht gibt, sei es, was bei Rodrik allerdings weniger beleuchtet wird, weil der Wohlfahrtsstaat nicht universell, sondern partikularistisch verfasst ist. Der südamerikanische Linkspopulismus verhält sich damit spiegelbildlich zum europäischen Rechtspopulismus. Zum einen ist das Ausmaß der Binnenmigration in Südamerika geringer, weil das Wohlstandsgefälle zwischen den südamerikanischen Staaten deutlich niedriger ausfällt als innerhalb Europas. Im Vergleich zum Einkommensgefälle zwischen Europa und den außereuropäischen Hauptherkunftsregionen der Zuwanderung verblasst es völlig. Im Jahr 2016 differierte das Pro-Kopf-Bruttosozialprodukt (BSP) zwischen den südamerikanischen Ländern nach Daten der Weltbank durchschnittlich um etwa

Demokraten bis heute so nachhaltig irritiert und eine Einordnung von Trumps Präsidentschaft bislang erschwert. Die naheliegende Option, sein Vorgehen als vollkommen erratisches Handeln eines politischen Kindskopfs abzutun, könnte sich bei der nächsten Wahl rächen. Aus der Sicht des Milieus, das Trump bedient (und das die Demokraten früher als ihr eigenes betrachteten), ist sein Programm relativ konsistent. Steve Bannons Vision einer lang währenden politischen Hegemonie der Republikaner, wenn man erst mal die weiße (und dann vielleicht auch die naturalisierte hispanische) Arbeiterschaft an die Partei gebunden habe, ist zumindest nicht völlig abwegig (Luttwak 2017).

Vor diesem Hintergrund lässt sich nun auch noch ein weiterer Nord/Süd-Vergleich anstellen: Wie kann es sein, dass südlich der nordamerikanischen Grenze Trump möglich ist, der alles verkörpert, was der Liberalismus am Populismus hasst, und nördlich dieser Linie Justin Trudeau, der alles zu verkörpern scheint, was der Liberalismus an sich selber liebt? Gibt es keine kanadische *white working class*? Ist das Wählermilieu, das in den USA Trump trägt, in Kanada nicht existent? Und wenn doch, warum hat es sich nicht ebenfalls populistisch orientiert (Adams 2017)?

Natürlich gibt es diese Beschäftigtengruppen. Arbeiter, die in der Ölbranche, dem Bergbau oder der Forstwirtschaft der kanadischen Westprovinzen tätig sind, sind ähnlich skeptisch wie ihre US-amerikanischen Kollegen, wenn es um CO_2-Emissionssteuern, striktere Waffengesetze oder Transgendertoiletten geht. Die Faktoren, die nichtsdestotrotz den Unterschied im politischen Wahlverhalten erklären können, verweisen auf die Rolle jener politisch-ökonomischen Dimension, auf deren Bedeutung für das Verständnis des Wählerverhaltens dieses Buch insistieren möchte: ein ausgebau-

ter Sozialstaat, der Globalisierungsfolgen stärker abfedert, ein föderaler Finanzausgleich, der verhindert, dass wirtschaftlich schwächere Regionen abgehängt werden, ein aufgrund der geografischen Lage geringeres Problem mit ungesteuerter Migration. Kombiniert werden diese Aspekte im kanadischen Fall mit einer klaren, an wirtschaftliche Leistungsfähigkeit gekoppelten Einwanderungspolitik. Hinzu kommt schließlich auch eine andere Politische Ökonomie der Globalisierung: Die an Holz und Bodenschätzen reichen westlichen Provinzen British Columbia, Alberta, Saskatchewan und Manitoba, also exakt diejenigen Regionen, wo unter den Beschäftigten ein besonderes populistisches Potenzial zu vermuten wäre, haben lange Zeit unter einer protektionistischen Politik der Regierung in Ontario gelitten. Sie mussten ihre Rohstoffe weit unter Weltmarktpreis in Kanada verkaufen und die Industriegüter wegen der hohen Zölle, die Ontarios Industrie schützen sollten, weit über Weltmarktpreis kaufen. Sie haben deswegen von den Freihandelsabkommen, vom 1987 geschlossenen Canada-United States Free Trade Agreement und dann später von Nafta, profitiert und die Güterglobalisierung enthusiastisch begrüßt (Stark 2018). Mit globalen Verweisen auf neue kulturelle Spaltungslinien zwischen Kosmopoliten einerseits und Kommunitaristen andererseits ist dieses Phänomen also nicht erklärt. Man kommt nicht umhin, sich mit politisch-ökonomischen Gegebenheiten und deren Geschichten zu befassen, wenn man kulturelle Affinitäten und politische Präferenzen verstehen will.

3.2 Das südeuropäische Rendezvous mit der Globalisierung

Diese knappe Skizze einer politökonomischen Erklärung für unterschiedliche politische Präferenzen, die aus den mit der zunehmenden weltwirtschaftlichen Verflechtung folgenden Problemen resultieren, bietet uns auch einen Ansatzpunkt für die Analyse des europäischen Nord/Süd-Musters in der Verteilung des links- und rechtspopulistischen Protests. Das südeuropäische Beispiel steht zunächst ganz offensichtlich quer zu Rodriks Argument: Italien, Griechenland, Spanien sowie Portugal sind hoch entwickelte, sehr großzügige Wohlfahrtsstaaten. Gleichzeitig sind einige dieser Staaten aufgrund ihrer geografischen Lage erste Anlaufstellen für Migranten aus außereuropäischen Ländern. Laut der »Social Expenditure Data Base« der OECD beanspruchten die Sozialausgaben in Italien 2016 28,9 Prozent des Bruttoinlandsprodukts und in Griechenland 27. Zum Vergleich: In Schweden waren es 27,1 Prozent, in Deutschland 25,3. Aber warum gibt es dann im Süden keinen nennenswerten rechtspopulistischen Protest, wenn wir für den Moment von der Lega absehen?

Eine naheliegende Antwort könnte lauten, dass der linkspopulistische Protest eine Erbschaft des in Südeuropa einst starken kommunistischen Milieus darstellt. Das ist, was die Wählersoziologie anbetrifft, sicherlich im großen Maße zutreffend. Die Frage würde damit aber eigentlich nur weitergereicht: Warum war die radikale Linke, gerade in Form kommunistischer Parteien, insbesondere im Süden immer so stark? Das wiederum ist eine etwas längere Geschichte, die bei Rodrik nicht vorkommt, da sie wenig mit Ökonomie, sehr viel dagegen mit Religion zu tun hat (Manow 2015;

Martin 1978): In den monokonfessionell katholischen Ländern des Südens kam es im Zuge von Nationalstaatsbildung und Industrialisierung zu besonders vehementen Konflikten zwischen einer aggressiv antiklerikalen republikanischen Linken und einer reaktionären, proklerikalen und antirepublikanischen Rechten, die sich dann im 20. Jahrhundert in Bürgerkriegen entluden und/oder zu faschistischen bzw. Militärdiktaturen führten. Hier ist nicht der Platz, dieses historische Argument im Detail auszuführen – für uns entscheidend ist die Radikalisierung und daher Spaltung der südeuropäischen Linken, weil viele ihrer Vertreter Reformpolitik im Rahmen geregelter demokratischer Machtwechsel in einem tiefgreifend polarisierten und tendenziell gewalttätigen Kontext für eine gänzlich unrealistische Option hielten. Die *differentia specifica* der südeuropäischen Parteiensysteme war daher, wenn diese Länder nach 1945 nicht wie Spanien und Portugal totalitär blieben, die Stärke der extremen Linken.[8]

Diese Stärke wiederum hatte erhebliche Auswirkungen auf die Politischen Ökonomien dieser Länder. Anders als im Norden entwickelte der südeuropäische Wohlfahrtsstaat nie eine außenwirtschaftliche Kompensationsfunktion. Er war wesentlich ein Instrument zur Erzeugung und Belohnung von Loyalität innerhalb der polaren politischen Lager. Er wurde deswegen auch nie universalistisch, sondern blieb partikularistisch beziehungsweise klientelistisch: Sozialstaatliche Leistungen wurden zur wichtigen Ressource in den konkreten Austauschbeziehungen zwischen Wählern und Parteien. Dass sich in der Folge ein Wachstumsmodell etablierte, das nicht – wie im Norden – exportgetrieben war, sondern auf heimischer Nachfrage basierte, lag wesentlich daran, dass analog zur parteipolitischen Fragmentierung der Linken die Gewerkschaften in kommunistische, sozialistische und teils auch anarchosyndikalistische Strömungen gespalten waren. Diese Zersplitterung machte Lohnkoordinierung und damit Lohnzurückhaltung unmöglich. Zudem gab es nie sozialdemokratische Regierungen, die Lohnzurückhaltung neokorporatistisch mit mehr Sozialstaat oder Vollbeschäftigungsgarantien hätten belohnen können (Siaroff 1999). Der Überbietungswettbewerb der Gewerkschaften in den Lohnverhandlungen führte zu einem »inflationären Konsens« mit der Arbeitgeberseite, der bis zur Einführung des Euro regelmäßig durch Abwertungsepisoden aufgefangen werden musste. Was sich unter diesen Bedingungen nicht etablieren konnte, war ein großer, international wettbewerbsfähiger Exportsektor (Eichengreen 1996, 2007). Im Gegensatz zur nordeuropäischen Variante gab es daher auch keine aus der Weltmarktoffenheit resultierenden Arbeitsmarktrisiken, die der südeuropäische Wohlfahrtsstaat hätte abfedern müssen.

Diese Struktur macht ihn nun aber auch gegenüber der Migration in einem höheren Maße immun. Ein ausgebautes nationales System sozialer Grundsicherung gibt es weder in Griechenland noch in Italien oder Spanien. Oft entscheiden regionale oder lokale Autoritäten über soziale Leistungsgewährung (Spanien und Italien), die Höhe der Leistungen bleibt häufig unzureichend, rechtliche Leistungsansprüche fehlen (für den italienischen Fall siehe etwa Pellizari 2013) oder sind an die EU-Bürgerschaft und eine unbegrenzte Aufenthaltserlaubnis gebunden (Frazer/Marlier 2016; Network 2014a, 2014b). Wo sie lokal erbracht werden, sind Sozialleistungen zudem vom kommunalen Budget abhängig, können also bei Nicht-Deckung mitten im Jahr auslaufen.

Migranten finden hingegen relativ schnell Beschäftigung im informellen Sektor, der sich als Ausweichreaktion zu den stark regulierten Arbeitsmärkten im formellen Sektor (Allard 2005) ausgebildet hat, – bei sehr schlechter Bezahlung und weitgehend ohne sozialen Schutz. Generöse Sozialleistungen wiederum sind an Insiderbeschäftigungsverhältnisse gebunden, zu denen Migranten keinen Zugang haben. Sie folgen häufig klientelistischen Zuteilungslogiken. Parteien pflegen ihre Unterstützungsnetzwerke mit der Vergabe von Invaliditätsrenten, öffentlichen Aufträgen, Jobs im öffentlichen Sektor etc. (für ein italienisches Fallbeispiel siehe Ferrera 1996). Das kann zumindest teilweise auch die Ausnahme des Front National erklären: Der französische Wohlfahrtsstaat ist deutlich universalistischer, Sozialleistungen stärker einklagbar, Klientelismus wenig ausgeprägt – zumindest gibt es, wenn man die einschlägigen Indizes zugrunde legt (Kitschelt/Wilkinson 2007b), eine stark inverse Korrelation zwischen Klientelismus und den Stimmenanteilen rechtspopulistischer Parteien.[9]

Ganz ähnlich wie in Lateinamerika basiert das südeuropäische Wachstumsmodell auf heimischer Nachfrage. Die lässt sich durch Staatsausgaben, und das heißt auch: Staatsschulden, stimulieren – oder durch einen auf privater Verschuldung basierenden Immobilienboom, wie ihn Spanien vor 2008 erlebt hat. Die vorläufige Grenze dieses Modells unter den Bedingungen einer gemeinsamen Währung ist durch die Eurokrise markiert (De Grauwe 2014): Was den lateinamerikanischen Linkspopulisten der IWF war, ist ihren südeuropäischen Gesinnungsgenossen die Troika (jetzt »die Institutionen«). Das Ganze erfährt auch noch eine kulturelle Verstärkung, weil die Tradition des Antifaschismus, auf die sich dieses Milieu bis heute beruft, nun abermals gegen Deutschland gerichtet werden kann: Dann malt man eben jedem Merkel- oder Schäuble-Foto ein Hitlerbärtchen an.

Das verweist auf die besondere Dynamik, die dieser Konflikt durch seine europäische Dimension erhält. In einen gemeinsamen Wirtschafts- und seit 1999 auch gemeinsamen Währungsraum eingebunden, zudem Teil eines Regimes völliger Personenfreizügigkeit, das auch das europäische Migrationsregime beispiellos liberal hat werden lassen, sind die Politischen Ökonomien des Südens und des Nordens in geradezu entgegengesetzter Weise durch die Globalisierung verletzbar (Iversen/Soskice/Hope 2016; Iversen/Soskice 2018). Zugleich verstärken sich durch diese Einbindung die unterschiedlichen links- und rechtspopulistischen Reaktionen wechselseitig. Im unmittelbar wirtschaftlichen Sinne hat der Euro nicht die von der Kommission wortreich versprochene Konvergenz gebracht (Commission 1990), im Gegenteil: Er hat die Spannungen zwischen den beiden unter ihm zwangsvereinten Wirtschaftsmodellen verstärkt. Wollte der Wirtschafts- und Währungsraum langfristig prosperieren, bräuchte es konträre Politiken: hier fiskalische Zurückhaltung, dort staatliche Konjunkturprogramme, hier Aufwertung, dort Abwertung, hier Lohnzurückhaltung, dort Stärkung der Binnennachfrage, also Lohnsteigerungen.[10]

Und es ist exakt dieser Hintergrund, vor dem sich verdeutlicht, was Angela Merkels Flüchtlingspolitik im August/September 2015 vermutlich tatsächlich gewesen ist, was aber in der Diskussion in Deutschland überraschend wenig thematisiert wird: Das Aussetzen der Dublin-Regeln wird man vielleicht nicht ausschließlich, aber sicherlich hauptsächlich als die nahezu zwangsläufige (»alternativlose«) Absicherung des von ihr mit einem erheblichen Einsatz an politischem (und echtem) Kapital bis Juli 2015 durch alle Fährnisse hindurchgesteuerten Griechenland-Deals verstehen müssen. Der wäre rasch Makulatur geworden – und damit hätte auch der Zusammenhalt der Eurozone insgesamt wieder zur Disposition gestanden –, wenn Griechenland aufgrund eines Dominoeffekts der Grenzschließungen von Ungarn, über Serbien, das Kosovo und Bulgarien bis schließlich Mazedonien tatsächlich mit der Flüchtlingswelle alleingelassen worden wäre. Bei dem Chaos, in das das Land dann gestürzt wäre,[11] hätte man an die Auflagen der Troika oder auch nur an die pünktliche Bedienung von Krediten nicht einmal mehr denken müssen. Vielmehr wäre mit dem somit schließlich doch wieder drohenden (kalten) Grexit erneut die ganze Eurozone in Gefahr gewesen, ganz abgesehen von dem völlig verheerenden politischen Eindruck, der entstanden wäre, hätte man kurz nach dem Ignorieren des όχι im Referendum vom Juli 2015 nun Griechenland in der Flüchtlingskrise sich selbst überlassen. Die Syriza-Regierung, die schließlich notgedrungen den Bedingungen für das dritte Rettungspaket zustimmte, hatte für September Neuwahlen ausgerufen, und in der traten als Syriza-Abspaltung auch die Befürworter eines Grexits an.

Insofern hat es eine gewisse Konsequenz, dass die Eurokrise der Peripherie zeitverschoben als Flüchtlingskrise des Zentrums wiederauftauchte.[12] Die deutsche Öffentlichkeit hat davon keine Ahnung und will auch offensichtlich keine haben. Hierzulande herrschen stattdessen entweder völlig kitschige Vorstellungen von Merkels Mutter-Teresa-Moment vor oder abstruse Umvolkungstheorien. Aber einem Akteur wie dem griechischen Ministerpräsidenten Alexis Tsipras scheint dieser Zusammenhang durchaus bewusst und somit auch klar zu sein, dass man damit irgendwie quitt ist. Nun hat jeder die Globalisierung, die er nicht braucht: der eine die Bewegung des Geldes und der Güter, der andere die der Personen.[13]

Es bleiben die konträren wirtschaftlichen Interessen, weshalb kaum verblüffen kann, dass auch politisch die Fliehkräfte durch wechselseitige Verstärkung zunehmen. Im Süden wird der Norden für die »Austerität« verantwortlich gemacht, unter der die Krisenländer leiden, im Norden ist die Empörung groß, dass die »No Bailout«-Versprechen offensichtlich eine Täuschung waren und dass obendrein Rettungspakete mit Nazi-Vergleichen vergolten werden (Hobolt/Tilley 2016). So schaukelt sich im europäischen Diskursraum die Abneigung links- und rechtspopulistisch wechselseitig auf, bis sie sich alle fünf Jahre bei den Europawahlen trifft. Das hat einen stetig steigenden Anteil von Europaverächtern linker und rechter Couleur ins EU-Parlament gespült. Wie die Farages, Le Pens, von Storchs, Iglesias' und Grillinis dann ihre europäische Bastion nutzen, um auf die nationale Politik zurückzuwirken, und welche Folgen das hat, diskutiere ich kurz in Kapitel 6 (vgl. auch Döring/Manow 2008; Manow 2005).

Will man schließlich die osteuropäische Variante des Populismus in den Vergleich einbeziehen, so ist zunächst festzuhalten, dass dessen erneute Stärke ebenfalls nicht als gänzlich unabhängig vom Flüchtlingsgeschehen der Jahre 2015 ff. gesehen werden kann. Zumindest im polnischen Fall kam die PiS-Regierung im Oktober 2015 exakt zu einem Zeitpunkt ins Amt, als die EU-Kommission zusammen mit der Bundesregierung einen hemdsärmeligen, sich über etablierte europäische Abstimmungsprozeduren hinwegsetzenden Versuch der Oktroyierung einer verbindlichen Flüchtlingsverteilung gestartet hatte. Und es war die polnische Regierung der liberalen Bürgerplattform, der Partei Donald Tusks (zu diesem Zeitpunkt bereits Präsident des Europäischen Rats), die schließlich unter enormem Druck aus der osteuropäischen Einheitsfront gegen dieses Verteilungsschema herausgebrochen wurde. Das Flüchtlingsthema spielte daher im polnischen Wahlkampf im Oktober 2015 eine zentrale Rolle – und dürfte PiS die notwendigen Stimmenprozente eingetragen haben, die sich aufgrund einer einmaligen Kombination von Wahlregelbesonderheiten in eine absolute Mehrheit der Sitze im Sejm übersetzten (37,6 Prozent Stimmanteil führten zu einem Sitzanteil von 51,1 Prozent!). Mit dieser Parlamentsmehrheit betreibt die rechtspopulistische Partei seitdem ihr Projekt des Verfassungsumbaus. In gleicher Weise lässt es sich sehr genau auf den Herbst 2015 datieren, dass sich der Trend der aufgrund von Korruptionsvorwürfen und parteiinternen Streitigkeiten abnehmenden Zustimmungswerte für die ungarische Fidesz drehte und Orbáns Partei in der Wählergunst wieder kontinuierlich steigt. Die Flüchtlingsthematik, Gegenstand eines Pseudo-Referendums im Oktober 2016, stellt dabei Orbáns zentrales Mobilisierungsmittel dar. In den Wahlen im April 2018 konnte Fidesz sogar die Zweitdrittelmehrheit im Budapester Parlament verteidigen.

Die Spaltungslinie, die sich somit zwischen den osteuropäischen Ländern und dem Rest der EU auftut, spiegelt – im Sinne des Rodrik-Arguments – eine Konstellation wider, in der die Osteuropäer keine Empfänger von Migration werden wollen, während sie selbst für den Rest der EU Entsender sind (Krastev 2017). Zugleich haben diese Länder ein Interesse daran, durch niedrige Löhne und niedrige Steuern fremdes Kapital anzuziehen. Insoweit wie Polen, die Tschechische Republik, die Slowakei, Slowenien, Ungarn und auch Rumänien als Zulieferer oder als ausgelagerte Produktionsstätten in den Orbit des deutschen Wirtschaftsmodells gelangt sind und diese wirtschaftliche Integration durch die EU-Osterweiterung von 2004 (und 2007) noch einmal besonders befördert wurde, stehen diese Länder auch für einen liberalen Außenhandel. All das ist nicht gerade förderlich für ein Florieren des Linkspopulismus.

Ganz im Gegenteil: Man kann die osteuropäischen Parteiensysteme in gewisser Weise als Vorreiter für das Entstehen eines neuen Parteientyps verstehen, der pro-wohlfahrtsstaatlich, soziokulturell allerdings prononciert rechts positioniert ist (Marks et al. 2006). Neben der rabiaten Anti-EU- und Anti-Migrationspolemik ist etwa die PiS zugleich für die Einführung eines sehr generösen Kindergelds verantwortlich, das insbesondere in den ländlichen Regionen Polens extrem populär ist und der Partei hohe Zustimmungswerte sichert. Hinzu kommt, dass der politische Katholizismus in Polen oder Ungarn keinen der westeuropäischen Entwicklung ähnlichen, selbstkritischen Trennungsprozess von seinen ultranationalistischen, oft antisemitischen und antimodernen Strömungen der Vorkriegszeit vollzogen hat bzw. vollziehen musste, während der »Antikosmopolitismus Mitteleuropas zum Teil in der Abneigung gegen den vom Kommunismus aufgezwungenen Internationalismus wurzelt« (vgl. Krastev 2017, S. 69).

Und so wie die deutsche Flüchtlingspolitik der Jahre 2015 ff., die – wie gesagt – im Kontext der deutschen Eurorettungspolitik zu sehen ist, für die rechtspopulistischen Wahlerfolge in Polen, Österreich und Ungarn mitverantwortlich sein dürfte, so hat sie wohl auch eine das Leave-Lager stärkende Rolle beim Brexit gespielt, der sich ebenfalls weitgehend in das hier entwickelte Erklärungsmuster fügt. Auch wenn das angelsächsische Wachstumsmodell *nicht* hohe Wohlfahrtsstaatsstandards mit ausgeprägter Exportorientierung verbindet (vgl. Esping-Andersen 1990), so basieren das hohe Ausmaß an Außenhandelsöffnung und die flexiblen Arbeitsmärkte liberaler Ökonomien doch auf der Prämisse, Migration steuern zu können – und das heißt vor allem, auf Personen mit hohen Qualifikationen beschränken zu können, wie das Kanada, Australien, Neuseeland und auch die USA seit Langem recht effektiv praktizieren.[14] Wenn sie nicht auf diese eng definierten Arbeitsmarktgruppen der hoch qualifizierten Fachkräfte begrenzt bleibt, wird der Einwanderung in den universellen, steuerfinanzierten Sozialstaat (in Großbritannien) oder in den sehr liberalen Arbeitsmarkt, der wenig Beschäftigungsschutz bietet, schnell die Zustimmung entzogen. Soweit diese Migrationssteuerung Großbritannien innerhalb des europäischen Rechtsrahmens verwehrt ist, entzog dies der EU-Mitgliedschaft zunehmend die mehrheitliche Zustimmung – insbesondere dann auch vor dem Hintergrund der weitgehend ungesteuerten außereuropäischen Einwanderung in der Flüchtlingskrise (Dennison/Geddes 2018).

Wenn wir nun die Populismen in Süd-, Ost-, West- und Nordeuropa sowie darüber hinaus vergleichend betrachten, zeigt sich also, dass die Erklärung für die populistischen Varianten wohl nicht pauschal bei den Modernisierungsverlierern zu suchen und auch nicht allein mit kulturellen Abwehrreflexen zu erklären ist. Was vielmehr in aller Deutlichkeit zutage tritt, ist die Bedeutung der unterschiedlichen Rollen, die der Wohlfahrtsstaat und der Arbeitsmarkt in verschiedenen Wachstums- und Produktionsmodellen spielen. Entscheidende Variable hierbei ist einerseits der Migrationsdruck, der sich aus der Geografie und insbesondere aus Einkommens- und Lohndifferenzen speist; mindestens so bedeutend ist jedoch andererseits seine jeweilige wohlfahrtsstaatliche und arbeitsmarktliche Verarbeitung. Ich präsentiere dieses Argument im nächsten Abschnitt etwas schematischer, so dass sich auch konkrete Vorhersagen für die nachfolgenden empirischen Kapitel formulieren lassen.

3.4 Ein vergleichendes Erklärungsschema

Im Gegensatz zu Ansätzen, die bestreiten, dass inhaltlich-programmatische Positionen der Populisten und daher auch »objektive Problemlagen« überhaupt von Bedeutung seien (siehe Kapitel 2), oder zu Deutungen, die Populismus vornehmlich als Ausdruck einer neuen kulturellen Spaltungslinie betrachten, und schließlich auch im Gegensatz zu einfachen Modernisierungsverlierer-Erklärungen, führe ich also – hierin Dani Rodrik folgend (Rodrik 2018) – populistischen Protest auf zwei Globalisierungsprozesse zurück: internationalen Handel und Migration. Dabei ist es, wie wir sehen werden (siehe Kapitel 5), überdies sinnvoll, zwischen Arbeitsmigration und Fluchtmigration zu unterscheiden, die ihrerseits wiederum nicht unabhängig sind von den Politischen Ökonomien, mit denen wir es zu tun haben (Boräng 2018).

In Bezug auf diese Politischen Ökonomien unterscheide ich vier Idealtypen, die ich hier der Einfachheit halber mit geografischen Kürzeln als »Norden«, »Süden«, »Westen« und »Osten« bezeichne. Dahinter steht die recht etablierte Unterscheidung zwischen der skandinavisch-sozialdemokratischen, der kontinentaleuropäisch-konservativen, der angelsächsisch-liberalen sowie der südeuropäisch(-klientelistisch)en Politischen Ökonomie.[15] Diese Klassifikation wird hier einerseits um die Länder Osteuropas ergänzt, andererseits fasse ich das skandinavische und das kontinentaleuropäische Modell als Norden zusammen, da sie in den beiden hier interessierenden Globalisierungsdimensionen Handel und Migration ein sehr ähnliches Profil aufweisen und sich in ihrer grundlegenden Funktionsweise in den letzten zwanzig Jahren stark angeglichen haben (Iversen/Pontusson 2000; Manow im Erscheinen): Die skandinavischen Länder erhalten die früher gegebene Vollbeschäftigungsgarantie faktisch nicht mehr aufrecht und haben sich auch geldpolitisch dem deutschen »Hartwährungsregime«, danach dem Euro angeschlossen, wenn nicht direkt durch Beitritt (Finnland), dann durch die Anbindung ihrer Währungen an den Euro (Dänemark) oder zumindest an die Inflationsentwicklung in der Eurozone (Norwegen). Die kontinentaleuropäischen Länder wiederum haben ihre vormalige starke Orientierung am industriellen Wachstumsmodell abgeschwächt und verzeichnen nun auch im Dienstleistungssektor deutliches Beschäftigungswachstum. Auch sozialstaatlich haben sich beide Regime stärker aneinander angeglichen, mit der Stärkung von Sozialversicherungselementen im skandinavischen Fall und der Stärkung steuerfinanzierter, universaler Elemente im kontinentaleuropäischen Fall.

Den vergleichenden Analyserahmen ergänzen die osteuropäischen Länder, die von der Einbindung in ein liberales Wirtschaftsmodell überwiegend profitieren und die hinsichtlich der grenzüberschreitenden Bewegung von Personen Entsender-, nicht Empfängerländer sind. Natürlich gibt es auch hier erkennbare Verlierer- und Gewinnergruppen, und zu den Verlierern gehören insbesondere jene, die nicht mobil sind.

Die These lautet dann, dass der populistische Protest in seiner politischen Ausrichtung variiert, je nachdem, welcher der beiden Prozesse politisch problematisch wird, die Migration oder der Handel. Darüber hinaus variiert im Fall der Migration die hauptsächliche Trägerschaft des Protests je nachdem, ob es sich überwiegend um Arbeits- oder um Fluchtmigration handelt. Im ersten Fall, so meine These, werden die sogenannten Arbeitsmarkt-Outsider, im zweiten die Insider Hauptträger des populistischen Protests. Das spiegelt den Umstand wider, dass Migration dort weniger zu einem verteilungspolitischen Problem wird, wo der Wohlfahrtsstaat entweder nicht großzügig (Westen) oder kaum zugänglich ist (Süden). Für eher marginale Arbeitsmarktgruppen (Outsider) werden die Arbeitsmigranten auf flexibilisierten Arbeitsmärkten jedoch zu Konkurrenten (vgl. Borjas 2016). Dies trifft generell zu, aber insbesondere für das liberale angelsächsische Modell (Westen). Ist der Arbeitsmarkt nicht liberalisiert, wie in Südeuropa, protestieren die Insider nicht gegen Migration, sondern eher gegen das Liberalisierungsregime der EU mit seiner Kombination aus Freihandel und restriktiver Haushalts- und Geldpolitik – und gegen den arbeitsmarktpolitischen Anpassungsdruck, der daraus folgt.

Dabei steht der informelle Sektor im Süden bereits für einen sehr flexiblen, per definitionem nichtregulierten Arbeitsmarkt. Auf ihm finden Migranten (als *clandestini* oder *sans papiers*) auch recht schnell Beschäftigung, bei geringen Löhnen und ohne irgendwelche Ansprüche auf sozialstaatliche Leistungen. Der formelle Sektor ist davon allerdings abgeschirmt (Iversen/Soskice 2018), und genau das verteidigen die Insider mit aller Vehemenz (Emmenegger/Häusermann/Palier 2012). Es ist also der Arbeitsmarktdualismus zwischen einem formellen und einem informellen Sektor, der hier zum Gegenstand der politischen Auseinandersetzung wird. Man könnte auch formulieren, dass sich der *Nativismus* hier auf den (formellen) Arbeitsmarkt, nicht auf den Wohlfahrtsstaat bezieht und sich daher links-, nicht rechtspopulistisch artikuliert. Migration ist in Südeuropa dann sogar eher ein Mittel zur Stabilisierung dieses ausgeprägten Dualismus (Afonso/Devitt 2016; King/Rueda 2008).

Das mag auch die besondere Konfliktträchtigkeit von Arbeitsmarktreformen im südlichen Modell erklären: Bei fehlender Grundsicherung und starkem Dualismus zwischen formellem und informellem Sektor würde die Liberalisierung oder Deregulierung des Arbeitsmarktes nicht, wie im kontinentalen Modell, den Abstieg von der Status- in die Grundsicherung (wie bspw. bei der Agenda 2010), sondern von der Statussicherung ins Nichts bedeuten. Das könnte auch verstehen helfen, warum sich junge Menschen, trotz der skandalös hohen Jugendarbeitslosigkeit in Südeuropa, in den politischen Konflikten um die Arbeitsmarktreformen in Italien (Articolo 18) und Frankreich (Contrat première embauche) nicht als Outsider, sondern als Insider im Wartestand begriffen haben: Die deregulierte Option ist schlicht zu unattraktiv und steht in Gefahr, dem zu entsprechen, was man ihnen ohnehin schon angeboten hatte: Prekarität.[16] Politisch entkäme man diesem Dilemma wohl nur, würde Arbeitsmarktliberalisierung von einem erheblichen Ausbau der Grundsicherungselemente flankiert – was die meisten südeuropäischen Länder fiskalisch überfordern würde. In Bezug auf den populistischen Protest aber lässt das erwarten, dass Insider und Outsider sich in Südeuropa hinsichtlich ihrer politischen Präferenzen möglicherweise nicht allzu sehr unterscheiden.

Im nordischen Modell hingegen gibt es einerseits den Zusammenhang zwischen hoher Produktivität, hoher Wettbewerbsfähigkeit und ausgeprägter Exportorientierung. Hohe

Produktivität bedingt hohe Löhne (und umgekehrt), die zudem in der Vergangenheit zwischen dem Export- und dem »heimischen« Sektor auf die eine oder andere Weise koordiniert wurden. Damit aber haben diese Länder auch ein hohes heimisches Preisniveau, vor allem weil die Koordinierung der Löhne ihre Spreizung verhindert und damit niedrigproduktive Dienstleistungen vergleichsweise »teuer« macht (wenn sie die Entstehung solcher Jobs nicht ohnehin von vornherein verhindert).[17] Das hohe Preisniveau wiederum erzwingt neben der »statussichernden« Absicherung von Arbeitsmarktrisiken (für Insider) eine großzügige soziale Grundsicherung (für Outsider). Migration auf hohem Niveau macht diesen Zusammenhang zu einer Art Sollbruchstelle dieser Politischen Ökonomie, die rechtspopulistisch ausgebeutet werden kann und auch wird. Frühere Befunde, dass wohlfahrtsstaatliche Großzügigkeit umso weniger befürwortet wird, je höher die Migration ist (Eger 2010; Mau/Burkhardt 2009), dürften sich einerseits im Zuge der Flüchtlingskrise verschärft haben, andererseits scheint auch der Umkehrschluss zunehmend zuzutreffen: Die Ablehnung der Migration fällt umso stärker aus, je großzügiger (und zugänglicher) der Wohlfahrtsstaat ist (Rapp 2017).

Hinzu kommt, dass sowohl in den skandinavischen als auch in den kontinentaleuropäischen Ländern die Arbeitsmarkt- und Sozialstaatsreformen der jüngsten Vergangenheit gerade das Problem der schwachen Beschäftigungsdynamik im Dienstleistungssektor und des sich verfestigenden Dualismus zwischen Beschäftigten und Arbeitslosen adressierten. Mit dieser Zielsetzung verringerten Reformen die vormalige Insiderorientierung des Sozialstaates, wenn beispielsweise Sozialversicherungselemente in ihrer Bedeutung zurückgenommen und im Gegenzug mehr Gewicht auf Aktivierung, »social investment« und Mindestsicherung gelegt wurde. Die schwedischen »Make work pay«-Reformen beispielsweise, die zwischen 2006 und 2012 umgesetzt wurden, kombinierten Lohnsteuersenkungen mit Kürzungen der Lohnersatzleistungen bei Arbeitslosigkeit, Krankheit oder Erwerbsunfähigkeit und erschwerten gleichzeitig den Zugang zu diesen Leistungen. Diese neuen Arbeitsmarkt- und Sozialstaatsreformen spiegelten auch die Policy-Präferenzen der neuen Mittelschichtenklientel sozialdemokratischer Parteien wider (Häusermann 2012; Häusermann/Schwander 2012), die für die an Arbeiterinteressen orientierte klassische Sozialpolitik nicht mehr sonderlich viel Verständnis und Unterstützung aufbringt. Die stärker auf Aktivierung setzende Sozialpolitik führte zu einer – teils erheblichen – Verringerung der vormaligen Statussicherung, die in den betroffenen Milieus angesichts des notwendigerweise weiterhin hohen Niveaus der Grundsicherung insbesondere dann politisch umso skandalöser erschien (und bis heute erscheint), als eine stark ansteigende Migration zu einer hohen Inanspruchnahme dieser Grundsicherung führte (vgl. dazu für den deutschen Fall Kapitel 4; für den schwedischen Fall siehe Dal Bó et al. 2018). Der Wandel von *welfare* zu *workfare*, für den diese neuen Sozialstaatsreformen stehen, hat den Druck auf Leistungsbezieher massiv erhöht, Sanktionsmöglichkeiten verstärkt und damit eben auch die vorherige Statusorientierung nördlicher Sozialstaaten deutlich verringert (Knotz 2018). In diesem Kontext wurden großzügige, den Zugang von EU-Ausländern oder Drittstaatlern zu nationalen Sozialleistungen betreffende Nicht-Diskriminierungsregeln politisch hoch kontrovers. Dass der Konflikt sich hier am Wohlfahrtsstaat und nicht am Arbeitsmarkt entzündet, findet recht eindeutigen Niederschlag in den einschlägigen Umfragen: 98 Prozent der Wähler der Schwedendemokraten stimmen dem Satz »Migration ist zu teuer für die öffentlichen Finanzen« zu, aber nur knapp über 30 Prozent dem Satz »Es ist ein Problem, dass Migranten Einheimischen die Arbeit wegnehmen« (Dal Bó et al. 2018, S. 7).

Schließlich gibt es auch Rückwirkeffekte von den jeweiligen Politischen Ökonomien auf die Migration. So ist die Zuwanderung in den liberalen Politischen Ökonomien eher Arbeits- und in den skandinavischen und kontinentaleuropäischen Regimen eher Fluchtmigration, das eine Mal spielen deregulierte Arbeitsmärkte und die Nachfrage nach ungelernter Arbeit eine Rolle, das andere Mal eine großzügige Grundsicherung, die mit einer geringen Nachfrage nach niedrig qualifizierter Arbeit verbunden ist (Boräng 2018; siehe unten Kapitel 5; Devitt 2011; Ruhs 2013; Ruhs/Palme 2018). Migration stellt also keinen unabhängigen »externen Schock« dar, sondern wird in ihrer Ausrichtung und Zusammensetzung von der jeweiligen Politischen Ökonomie beeinflusst, auf die sie zielt. Daraus resultieren wiederum distinkte Problemkomplexe, die ihrerseits bestimmte Formen des populistischen Protests provozieren. In den nordischen Ökonomien beispielsweise führt das zu einem spezifischen Dilemma: Ein Wachstumsmodell, das auf hoch produktiver Facharbeit beruht, befördert durch die sie notwendigerweise begleitende Sozialstaatlichkeit genau jene Art von Migration, die in dieses Modell nicht hineinpasst – und führt dann zur Beanspruchung der großzügigen sozialen Grundsicherung, was vorhersehbar politischen Insider-Protest provoziert. In den liberalen angelsächsischen Ökonomien mit ihren deregulierten Arbeitsmärkten und größerem Niedriglohnsektor steht die Migration ungelernter Arbeiter in Gefahr, zu Verdrängungswettbewerb in den unteren Lohnseg-

Schaubild 3.3: Erklärungsschema für die Variation des Populismus in Nord-, Süd-, West- und Osteuropa

<table>
<tr><td></td><td></td><td colspan="3">Migration problematisch</td></tr>
<tr><td></td><td></td><td colspan="2">ja</td><td>nein</td></tr>
<tr><td rowspan="2">Außenhandel problematisch</td><td>ja</td><td colspan="2"></td><td>Südeuropa: Insider- und Outsider-Protest links</td></tr>
<tr><td>nein</td><td>West- und Osteuropa: Outsider-Protest rechts</td><td>Nord- und Kontinentaleuropa: Insider-Protest rechts</td><td></td></tr>
<tr><td></td><td></td><td>Arbeitsmigration</td><td>Fluchtmigration</td><td></td></tr>
</table>

menten zu führen, was dann vorhersehbar politischen Outsider-Protest generiert (vgl. Ruhs/ Palme 2018: 1489).

Insgesamt verdichten sich diese Argumente zu einem Erklärungsschema, bei dem die Länderfälle anhand folgender Fragen sortiert werden: a) Wird Migration oder aber die Güter- und Geldglobalisierung problematisch? b) Falls Migration problematisch wird, geht es dabei eher um Arbeits- oder um Fluchtmigration? Die Kombination dieser Fragen hilft uns, drei unterschiedliche Problem/Protest-Konstellationen zu identifizieren (siehe Schaubild 3.3).

Die empirischen Implikationen dieses Erklärungsansatzes sind offensichtlich und sollen in den nächsten zwei Kapiteln überprüft werden. Sie betreffen zwei Dimensionen – die politische Ausrichtung des Populismus (links vs. rechts) sowie seine hauptsächliche Trägergruppe (Arbeitsmarkt-Insider oder -Outsider).

Dabei ist es an dieser Stelle notwendig klarzustellen, dass politische Geografie hier selbstverständlich nur als Kürzel einer Ursachenzuschreibung verwendet wird. *Substanziell* lautet die Kernthese unabhängig von der jeweiligen geografischen Verortung, dass der populistische Protest in seiner politischen Ausrichtung davon bestimmt wird, welche Art von Globalisierung jeweils für die betreffende Politische Ökonomie ein Problem darstellt. Das kann sich natürlich im Zeitverlauf ändern. Der rasche Aufstieg der Lega von einer Regional- zu einer im ganzen Land mobilisierenden rechtspopulistischen Partei wäre vor diesem Hintergrund beispielsweise so zu erklären, dass Zuwanderung nach der weitgehenden Unterbindung der sogenannten »Sekundärmigration« Richtung Nordeuropa nach 2015 nun für Italien selbst problematischer geworden ist. Migration wird zum Protestanlass im Süden, wenn die vor 2015 praktizierte und von anderen EU-Staaten meist stillschweigend tolerierte Nicht-Anwendung der Dublin-Regeln keine wirkliche Option mehr darstellt.

Bevor diese europäischen Zusammenhänge in Kapitel 5 näher analysiert werden, soll es in Kapitel 4 zunächst um den deutschen Fall gehen. Bei ihm würde man gemäß des hier entwickelten Erklärungsschemas erwarten, dass die sogenannten Arbeitsmarkt-Insider die Hauptträger des (rechts)populistischen Protests sind, insbesondere auch vor dem Hintergrund jener grundlegenden Reformen, denen das traditionell auf Statussicherung abzielende Sozialstaatsmodell durch die Agenda 2010 unterzogen wurde. In Kapitel 5 teste ich dann das Schema im europäischen Vergleich auf seine Erklärungskraft.

4. Der Aufstieg der Rechtspopulisten in Deutschland[1]

Die Bundestagswahl im September 2017 brachte für die rechtspopulistische Alternative für Deutschland den Durchbruch auf nationaler Ebene. Sie erhielt 12,7 Prozent der Stimmen, ist nun mit 94 Sitzen und damit als drittstärkste Partei im Bundestag vertreten. Zuvor war sie bereits in 14 von 16 Länderparlamenten und 2014 in das Europaparlament eingezogen. Noch bei der Bundestagswahl 2013 war sie hingegen mit 4,7 Prozent knapp an der Fünfprozenthürde gescheitert. Was erklärt den Aufstieg der AfD? Wer sind ihre Wähler?

Die Beantwortung dieser Frage versteht sich als erster Test der oben entwickelten Erklärung. Hilft sie uns, den deutschen Fall besser zu verstehen? Lassen sich mit ihrer Hilfe die offensichtlichen regionalen Unterschiede in der Unterstützung für die AfD erklären? Denn so geografisch divers der Populismus in Europa auftritt, so regional unterschiedlich fällt ja auch der Wahlerfolg der Alternative für Deutschland aus – mit relativ hohen Stimmenanteilen in Bayern, Baden-Württemberg und Sachsen und relativ niedrigen im Norden Deutschlands. Bewährt sich das entwickelte Argument in der Erklärung der vorhandenen Varianz?

Das vorgeschlagene Schema würde sich dann und insoweit bestätigt sehen können, sollte sich zeigen, dass es im deutschen Fall tatsächlich eher die Arbeitsmarkt-Insider und nicht benachteiligte Arbeitsmarkt- und Gesellschaftsgruppen sind, die vornehmlich diese Protestpartei wählen. Dies könnte im Anschluss auch die spezifische geografische Verteilung in der Unterstützung für die rechtspopulistische AfD erklären, die dort stark ist, wo Deutschlands industrielles Modell stark ist, nämlich im Süden (sowohl im Süden des Ostens, also in Sachsen, als auch im Süden des Westens, also in Bayern und Baden-Württemberg), und überdies dort stärker ausfällt (nämlich im Osten Deutschlands), wo es im Zuge der deutschen Einigung zu ausgeprägten Arbeitsmarktverwerfungen gekommen ist.

Das entwickelte politökonomische Argument muss sich dabei gegenüber konkurrierenden Erklärungsangeboten bewähren, die ich zunächst kurz diskutiere.

4.1 Wirtschaftliche Modernisierungsverlierer und kulturelle Abwehrreflexe

Wer sind die Wähler der neuen Protestparteien, aus welchen Milieus rekrutieren sich hauptsächlich ihre Unterstützer?[2] Bei der Beantwortung dieser Frage stellen einige auf die sogenannten Modernisierungsverlierer als hauptsächliches Wählerreservoir der Populisten ab (Betz 1994, 1998; Swank/Betz 2003; Spier 2010), andere identifizieren hingegen eine neue gesellschaftliche Spaltungslinie (*cleavage*), die angeblich zwischen globalisierungskritischen, national-autoritär orientierten Gesellschaftsgruppen auf der einen und universalistisch-libertär orientierten »kosmopolitischen« Gruppen auf der anderen Seite verlaufe.[3] Zwischen beiden Erklärungen, dem Modernisierungsverlierer- und dem Spaltungslinien-Ansatz, besteht insofern ein Zusammenhang, als man die Formulierung des zweiten als Antwort auf die Probleme des ersten verstehen kann.[4]

Das Problem der Modernisierungsverlierer-Hypothese

kann relativ einfach beschrieben werden: Sie findet sich empirisch in vielen Kontexten nicht bestätigt (vgl. Halikiopoulou/Vlandas 2016). So plausibel es zunächst scheint, die Wähler populistischer Parteien vornehmlich unter jenen Gesellschafts- oder Arbeitsmarktgruppen zu vermuten, die besonders nachteilig vom Strukturwandel, vom technischen Fortschritt oder vom internationalen Handel betroffen sind, so wenig untermauern verschiedene Studien diese Vermutung.

Man sollte diese Hypothese allerdings dennoch nicht voreilig als »falsifiziert« und somit für die weitere Analyse wertlos abtun, sondern eher überlegen, woran es liegen könnte, dass sie in der Empirie nur ab und an Bestätigung findet. Das kann natürlich schlicht damit zu tun haben, dass es den vermuteten Zusammenhang tatsächlich nicht gibt, doch das ist keine zwingende Schlussfolgerung. Es ist ebenfalls möglich, dass die wirklich »Abgehängten«, die Marginalisierten, das neue Prekariat und die sonst wie Benachteiligten gar nicht mehr wählen gehen. Hierfür gibt es deutliche Evidenz.[5] Dann aber würden die gängigen Indikatoren für wirtschaftlich schwierige Lagen – Arbeitslosigkeit, geringfügiges Einkommen, Transferabhängigkeit etc. – in unseren Analysen nicht wie erwartet anschlagen, da diese Indikatoren eher Wahlenthaltung und nicht populistische Protestwahl erklären würden. Ist es, grob gesprochen, nicht die Unter-, sondern die untere Mittelschicht, die populistisch wählt, so könnte man das eher als Ausdruck der Angst vor Statusverlust lesen, nicht als Reaktion auf einen bereits erlebten Abstieg – aber das liefe dann eher auf eine Variante der Modernisierungsverlierer-Hypothese hinaus, nicht auf ihre völlige Zurückweisung. Gleichwohl würden die gängigen wirtschaftlichen Indikatoren nicht die erwarteten Effekte zeigen, zumal Abstiegsängste schwieriger zu messen sind als tatsächlicher Statusverlust (Roodujn/Burgoon 2017).

Zudem ist beispielsweise Arbeitslosigkeit ein soziales und kein rein individuelles Geschehen. Von Arbeitslosigkeit ist nicht nur der Arbeitslose selbst betroffen, sondern aufgrund von Ausstrahlungseffekten auch das unmittelbare Umfeld: Schließt eine Produktionsstätte, meldet eine Firma Kurzarbeit an, hat das für die lokale Ökonomie insgesamt Folgen (Bisbee 2018). Es ist aber im Regelfall die *individuelle* wirtschaftliche Situation, die in den einschlägigen Umfragen abgefragt wird. Falls jedoch die *mittelbar* Betroffenen politisch genauso oder ähnlich reagieren wie die unmittelbar Betroffenen, würde das in den einschlägigen statistischen Auswertungen ebenfalls keinen eindeutigen Effekt zeitigen, was aber nicht heißen muss, dass ökonomische Faktoren keine Rolle spielen. Um die Ausstrahlungseffekte von Arbeitslosigkeit und das darauf möglicherweise reagierende politische Verhalten zu erfassen, wäre dann zum Beispiel eher die Untersuchung regionaler als individueller Daten angemessen oder idealerweise die Verknüpfung von Individual- mit Regionaldaten (was aber häufig kompliziert oder – aus Datenschutzgründen – ganz unmöglich ist).

Ohnehin hat die umfangreiche Forschung zum »ökonomischen Wählen« gezeigt, dass sich in der Wahlentscheidung im Regelfall die allgemeine und nicht unbedingt die spezifisch-individuelle wirtschaftliche Lage spiegelt. Im Fachjargon: Ökonomisches Wählen ist eher soziotropisch als egotropisch – es geht im ökonomischen Kalkül der Wahlentscheidung nicht zwangsläufig um die persönliche wirtschaftliche Lage (also beispielsweise darum, wie viel Geld man am Ende des Monats noch zur Verfügung hat), sondern vielmehr um eine Einschätzung der wirtschaftlichen Lage insgesamt:

Sind die allgemeinen Aussichten eher gut oder eher schlecht? Auf welcher Ebene diese soziotropische Einschätzung angesiedelt ist, auf der regionalen oder eher auf der nationalen, ist dabei durchaus offen und dürfte von vielen Umständen abhängen, nicht zuletzt vom Ausmaß der Unterschiedlichkeit regionaler Wirtschaftsstrukturen. Je soziotropischer das Wählen, desto unabhängiger wäre es jedenfalls von der persönlichen Situation – was wiederum nicht zwangsläufig bedeutet, dass es unabhängig von der (generellen) wirtschaftlichen Situation ist. Gleichwohl bliebe allerdings auch dann rätselhaft, warum der Aufstieg des Populismus gerade in Zeiten dynamischer wirtschaftlicher Erholung (wie im Fall der AfD nach 2013) und insbesondere in wohlhabenden Regionen (im deutschen Fall in den relativen Wohlstandsregionen des Ostens wie des Westens) erfolgt.

Die Hypothese von der neuen Spaltungslinie zwischen den kosmopolitischen »anywheres« und den weiterhin an engeren sozialen Kreisen sowie ihrer nationalen Einbettung orientierten »somewheres« (Goodhart 2017) reagiert in gewissem Sinne auf die empirischen Probleme der Modernisierungsverlierer-Erklärung. Ausgangsbeobachtung ist hier die zunehmende »Proletarisierung« der rechtspopulistischen Wählerschaft: Für die westeuropäischen Länder gibt es den relativ stabilen Befund, dass die rechtspopulistischen Parteien unter Arbeitern überdurchschnittlich erfolgreich abschneiden[6] – Herbert Kitschelt bezeichnete sie folglich bereits als die neuen Arbeiterparteien (und es ist daher auch nicht überraschend, dass linke Parteien oft stärker unter dem Anstieg des Rechtspopulismus zu leiden scheinen als bürgerlich-konservative). Industriearbeiter gehörten in den letzten Jahren allerdings nicht notwendigerweise zu den wirtschaftlichen Verlierern und waren auch nicht deutlich von der allgemeinen Lohn- und Einkommensentwicklung abgekoppelt – das trifft viel stärker für gering qualifizierte Beschäftigte im Dienstleistungssektor zu. Daher wird die überdurchschnittliche Unterstützung, welche die rechtspopulistischen Parteien unter den Arbeitern finden, denn auch oft als »nach wie vor bis zu einem gewissen Punkt rätselhaft« oder als »einigermaßen paradox« (Bornschier 2018, S. 213) bezeichnet.

Eine Lösung dieses zunächst widersprüchlich erscheinenden Befundes bietet der Spaltungslinien-Ansatz nun insofern an, als er zwar eine ökonomisch relativ klar abgegrenzte Gruppe als überdurchschnittlich Populismus-affin identifiziert (eben die Industriearbeiter), diese Neigung aber nicht mit ihrer *ökonomischen* Benachteiligung begründet, sondern *nicht-ökonomisch*, als Ausdruck kultureller Einstellungen interpretiert. Daher gelten die Arbeiter in dieser Sicht auch nicht als Verlierer in einem engeren wirtschaftlichen Sinn, sondern als eine Gruppe, die angesichts seit den siebziger Jahren ablaufender Prozesse wie der Deindustrialisierung, der Bildungsexpansion, des »occupational upgrading« (also einer Veränderung der Berufsstruktur hin zu neuartigen, weniger körperlich denn kognitiv anspruchsvollen Anforderungsprofilen) einen langfristigen relativen Statusverlust erlebt hat, wobei diese Prozesse zugleich eine Feminisierung der Beschäftigung mit sich gebracht haben.

Die Antwort auf das Rätsel, weshalb gerade diese »Nicht-Verlierer« populistische Neigungen an den Tag legen, lautet aus der Perspektive der Theorie der neuen Spaltungslinien also, dass wir vornehmlich eine Gruppe der eher *kulturell Entfremdeten* als Wählerschaft der Populisten identifizieren können, die mit der Gruppe der eher *ökonomisch Benachteiligten* nicht deckungsgleich ist (wobei die Entfremdeten dennoch einer ökonomisch relativ klar abgrenzbaren Gruppe entstammen, nämlich jener der Industriearbeiter). Das Bindeglied, das hier das Ökonomische (eine bestimmte Klassenlage) mit dem Nicht-Ökonomischen (kulturelle Abwehrreflexe) verbindet, sind laut diesem Argument sogenannte »work logics«, Arbeitslogiken, die bei unterschiedlichen Berufsklassen angeblich zu unterschiedlichen politischen Einstellungen führen (Kitschelt/Rehm 2014).

Das ist ein etwas komplexeres Argument. Ohne hier zu sehr ins Detail gehen zu wollen oder auch nur zu können, lässt sich festhalten, dass Berufsklassen gängigerweise entlang zweier Dimensionen unterschieden werden: einmal nach ihrer Stellung in der Arbeitshierarchie (eher leitende oder eher untergebene Position) und dann nach Tätigkeitsbereichen, die jeweils von einer eher interpersonellen, technischen, bürokratischen oder selbstständigen Arbeitslogik geprägt sind. Aus diesem 2x4-Schema ergeben sich auf der Ebene der leitenden Positionen 1) soziokulturelle Professionen (Ärzte, Lehrer, Sozialarbeiter etc.), 2) technische Professionen (Ingenieure, Architekten, Techniker), 3) Verwaltungsberufe (Berater, Buchhalter, mittleres und oberes Management) sowie 4) frei-selbstständige Tätigkeiten (Rechtsanwälte, Unternehmer etc.). Auf der Ebene der eher untergebenen Positionen lassen sich in den vier Arbeitslogik-Dimensionen 5) Serviceberufe (Krankenhelfer, Kellner, Verkaufs- und Aushilfspersonal), 6) Produktionsarbeiter und Handwerker, 7) Büroangestellte sowie 8) kleine Geschäftsinhaber unterscheiden (Oesch 2015).

In dieser Argumentationskette stehen also zuerst Berufsklassen und die in ihnen vorherrschenden Arbeitslogiken, dann bestimmte politische Einstellungen, die sich aus diesen Arbeitslogiken ableiten, und schließlich das Wahlverhalten als Ausdruck dieser auf Arbeitslogiken zurückgehenden Einstellungen. In Bezug auf die neue Spaltungslinie markieren dann Personen mit einer »GAL«-Orientierung (grün, alternativ, libertär) und Menschen mit einer »TAN«-Orientierung (traditionell, autoritär, national) die Pole des politischen Spektrums. Folglich gelten die neuen Dienstleistungs- (*soziokulturelle Professionen* [1]) sowie die alten Industrieklassen (*Produktionsarbeiter und Handwerker* [6]) als Hauptwählergruppen der entsprechenden Parteien. Die »Kosmopoliten« fühlen sich, so die These, dabei vor allem bei den Parteien der Neuen Linken zu Hause, die »Kommunitaristen« bei jenen der (Neuen) extremen Rechten (im deutschen Fall wären das auf der einen Seite die Grünen und auf der anderen die AfD). Der traditionelle, ökonomisch bestimmte Links/rechts-Gegensatz habe demgegenüber an Bedeutung verloren – und mit ihm die etablierten Mitte-links- und Mitte-rechts-Parteien (sprich SPD und CDU/CSU).

Der rechtspopulistische Protest wendet sich in dieser Logik im Wesentlichen gegen einen sich seit den siebziger Jahren vollziehenden gesellschaftlichen Wandel, dessen parteipolitische Manifestation der Aufstieg der Neuen Linken, also etwa grün-alternativer Parteien war. Der Populismus gilt hier als »kommunitaristische Gegenoffensive gegen die universalistischen Werte, die sich die links-libertäre Bewegung auf die Fahnen geschrieben hat« (Oesch/Rennwald 2010, S. 347). Die Tatsache, dass die Parteien der Neuen Linken im Ländervergleich unterschiedlich erfolgreich sind, spiegelt dann insofern den Stand des wirtschaftlichen Wandels wider, als die sie unterstützenden Wählerschichten ihrerseits ein Produkt des Übergangs zur Dienstleistungsgesellschaft sind, der in den hier vor allem interessierenden Politischen Ökonomien unterschiedlich früh einsetzte und daher unterschiedlich weit fortgeschritten ist. Nehmen wir das Beispiel der skandinavischen Länder: Der dort relativ früh stattfindende rechtspopulistische Backlash hängt aus dieser Perspektive mit einem von einer starken Beschäftigungsexpansion im sozialen Dienstleistungssektor (sowie einer enormen Bildungsexpansion) gekennzeichneten Struktur- (Iversen/Wren 1998; Wren 2013) und einem damit verbundenen Wertewandel zusammen. Diese in Südeuropa bislang weitgehend fehlende Gegenbewegung werde auch dort entstehen, je weiter der – unaufhaltsame – Übergang in die postindustrielle Gesellschaft voranschreite und zur Etablierung einer neuen Dienstleistungsklasse mit entsprechenden Einstellungen führe. Hinter dieser Logik stehen also die Vorstellung einer gewissen Konvergenz und die modernisierungstheoretische Grundannahme eines im Wesentlichen gemeinsamen Entwicklungswegs moderner Gesellschaften.

Das Argument verweist dabei eher auf allgemeine Statusangst und das Gefühl relativer Deprivation als auf tatsächlichen sozialen Abstieg (Roodujn/Burgoon 2017). In der These von der neuen Spaltungslinie zwischen Kosmopoliten und Kommunitaristen werden diese Ängste ohnehin als relativ diffus verstanden und auf der Einstellungsebene lokalisiert. Sie gelten als durch langfristige Prozesse (Deindustrialisierung, Bildungsexpansion, Wertewandel, Wandel der Berufsstruktur) verursacht und manifestieren sich als pauschale Ablehnung des gesellschaftlichen Wandels, für den stellvertretend »der Fremde« steht. Ängste und Verunsicherungen werden somit regelmäßig allein in der soziokulturellen Dimension verortet. Die »Kultur« als argumentatives Residual zu bemühen liegt auch deswegen nahe, weil Protest gegen Migration in den einschlägigen Studien unter Absehung von ihren evidenten Verteilungseffekten nahezu automatisch immer nur dieser Dimension zugeordnet wird (Borjas 2016).[7]

Wie in Kapitel 3 bereits dargelegt, setzt sich mein politökonomisches Argument sowohl von der Modernisierungsverlierer-Erklärung als auch von der Hypothese einer neuen kulturellen Spaltungslinie ab. Von ersterer insofern, als ich nur unter bestimmten Bedingungen – und eben nicht im deutschen Fall – erwarte, dass es die marginalisierten Arbeitsmarktgruppen sind, die zur Wahl populistischer Parteien neigen. Von letzterer insofern, als ich auf – variierende – ökonomische Verursachungsmechanismen abstelle und nicht auf generelle kulturelle Ressentiments.

Die unterschiedlichen Erklärungsansätze müssen sich aber nun an der Empirie bewähren.

4.2 Wer wählt AfD? Datenlage und Hypothesen

Die AfD fordert gängige Erklärungen für den Erfolg des Populismus heraus. Ihr Aufstieg fällt in eine Zeit des wirtschaftlichen Aufschwungs, nicht der Krise. Außerdem schneidet die Partei gerade in den relativ wohlhabenden Regionen überdurchschnittlich erfolgreich ab, nicht in strukturschwachen Gegenden. Das belegt ein Vergleich von Schaubild 4.1, das die Stimmenanteile der AfD in der Bundestagswahl vom September 2017 zeigt, mit Schaubild 4.2, das die geografische Verteilung wirtschaftlicher und sozialer »Entbehrung« oder »Deprivation« illustriert (auf den Deprivationsindikator selbst gehe ich unten ausführlicher ein).

Der relative Erfolg der Rechtspopulisten in den Wohlstandsregionen (und ausgerechnet in Zeiten des Booms)

Schaubild 4.1: Regionale Verteilung der AfD-Stimmen in der Bundestagswahl 2017, in Prozent der Zweitstimmen

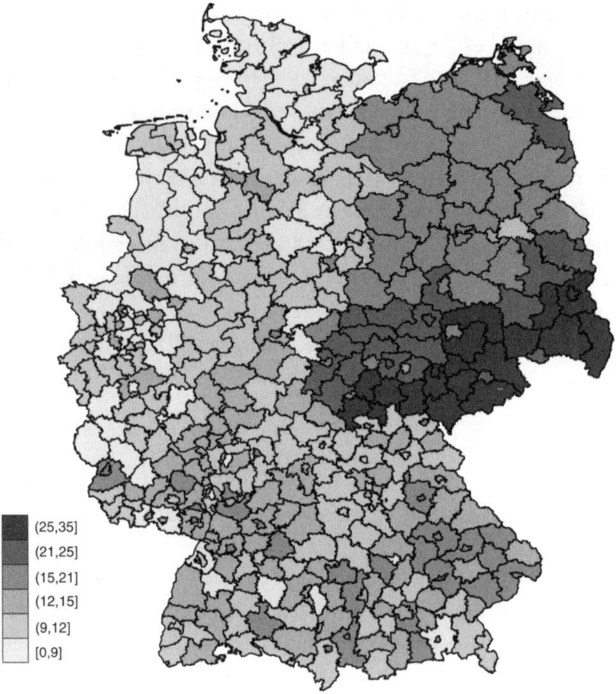

Schaubild 4.2: Geografisches Muster der Deprivation in Deutschland, Index ökonomischer Deprivation (Schwander/Manow 2017a)

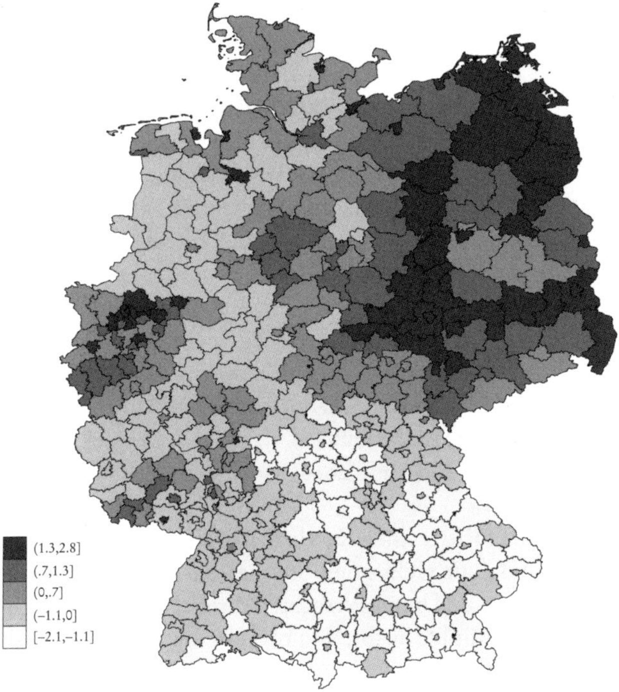

nährt erste Skepsis gegenüber der Modernisierungs- sowie gegenüber der Globalisierungsverlierer-These, denn welche Gegenden hätten mehr von der Globalisierung profitiert als Deutschlands Süden (oder Italiens Norden; siehe Kapitel 5)? Dass ein neuer »Klassenkampf zwischen Kapital und Menschheit« (Stegemann 2017, S. 174) ausgerechnet in diesen Regionen und zu diesem Zeitpunkt ausgebrochen sein soll, und dass der neue Populismus darauf reagiere, müsste dann vielleicht doch etwas präziser argumentiert, also nicht nur pauschal behauptet, sondern empirisch belegt werden. Entsprechend sind sich denn auch die meisten Studien auf Individualebene einig, dass es offensichtlich nicht die »Abgehängten«, das Prekariat, die Modernisierungs- oder Globalisierungsverlierer sind, die überdurchschnittlich rechtspopulistisch wählen (Bermann/Diermeier/Niehues 2017; Goerres/Spies/Kumlin 2018; Hambauer/Mays 2018; Lengfeld 2017a; Niedermayer/Hofrichter 2016). Aber wer ist es dann – und warum?

Die AfD fordert einen auch in methodischer Hinsicht heraus. Obwohl die rechtspopulistischen Parteien mittlerweile zu den meist- und bestuntersuchten Parteien Westeuropas gehören (vgl. Mudde 2016), und obwohl der Erfolg der AfD eine recht intensive wissenschaftliche Befassung mit dieser neuen Partei ausgelöst hat,[8] sind die Befunde doch eher uneinheitlich. Das hängt auch und vor allem mit einer problematischen Datenlage zusammen, die im Falle der AfD sogar noch einmal komplizierter ist. Da es sich bei der AfD um eine relativ neue Partei handelt, verfügen wir bislang nur über relativ wenige Beobachtungen zum Stimmenerfolg von Rechtspopulisten in Deutschland, auch wenn es mit den Republikanern in den späten achtziger und frühen neunziger Jahren einen Vorläufer gab. Hinzu kommt, dass die Partei sich in der kurzen Zeit ihrer Existenz ideologisch-programmatisch stark gewandelt hat, eine Veränderung, die man pointiert auf die Formel »Von Lucke zu Höcke« bringen könnte. Aus einer ordoliberal angehauchten »Professorenpartei«, die den eher bürgerlichen Protest gegen die Eurorettungspolitik der Bundesregierung bündelte, wurde innerhalb weniger Jahre eine stramm national-konservative, teilweise rechtsextreme Partei, die seit dem Sommer 2015 insbesondere gegen die Flüchtlingspolitik der Merkel-Regierung mobilisiert. Wir müssen also davon ausgehen, dass es parallel zum Aufstieg der AfD auch eine erhebliche Veränderung ihrer Wählerschaft gegeben hat. Das würde die Aussagekraft früherer Studien für die gegenwärtige Lage einschränken. In der Tat ergibt ein Vergleich der Faktoren, die 2013 und dann 2017 ausschlaggebend für die Wahl der AfD waren, deutliche Unterschiede. Es handelt sich bei der AfD also, nicht untypisch für eine Partei in einer Früh- und programmatischen Findungsphase, in einem gewissen Maße noch um ein *moving target* (Schmitt-Beck 2017).

Des Weiteren spielt eine Rolle, dass Umfragen zum Wahlverhalten generell und zu extremem Wahlverhalten im Besonderen notorisch unzuverlässig sind. Die Wähler, die potenziell bei den Rechtspopulisten ihr Kreuz machen, hegen ein oft tiefes Misstrauen gegenüber »dem System«, seinen Parteien und Medien, also allgemein gegenüber einem *offiziösen Komplex*, zu dem sie vermutlich auch Umfrageinstitute und die universitären Sozialwissenschaften rechnen. Generell wird extremes Wahlverhalten in Umfragen systematisch unterberichtet – hier spielen regelmäßig normative Erwartungen, die »Erwünschtheit« bestimmter Antworten in der Interviewsituation etc. eine Rolle. Wenn die sogenannte Modernisierungsverlierer-These zutreffen sollte, der zufolge es insbesondere die sozial Abgehängten sind, die rechtspopulistisch wählen, kommen triviale praktische Probleme der Erreichbarkeit hinzu, schon das Fehlen eines Festnetzanschlusses stellt für die gängigen Sample-Verfahren der Umfrageinstitute ein Problem dar. Alle diese Faktoren sind bekannt, Umfrageinstitute nutzen denn auch interne Gewichtungsmethoden, um die Unterrepräsentation der betreffenden Wählergruppen zu kompensieren. Für den normalen Forschungszugang über öffentlich verfügbare Umfragen bedeutet das jedoch, dass die vorliegenden Daten zur Wahlneigung nicht sonderlich verlässlich und in Bezug auf rechtspopulistische Wähler nicht wirklich repräsentativ sind.

Und damit ist noch gar nichts gesagt hinsichtlich der Qualität der sozioökonomischen Daten, die wir ja zusätzlich benötigen würden, um gesicherte Aussagen über die wirtschaftliche Lage des typischen AfD-Wählers, der typischen AfD-Wählerin treffen zu können. Das heißt, wir bräuchten nicht nur – idealerweise: verlässliche – Angaben zum Wahlverhalten, sondern diese müssten sich kombinieren lassen mit möglichst präzisen Informationen zur jeweiligen wirtschaftlichen Situation, also zum Einkommen und zum Beschäftigungsverhältnis, zum Arbeitsmarktstatus, zu Beruf, Bildungsstand, Haushaltsgröße etc. pp. sowie natürlich zu Basisdaten wie Alter und Geschlecht. Führt man qualitative Interviews, generiert das Probleme ganz eigener Art.[9]

Der hier eingeschlagene Weg zur Umgehung dieser problematischen Datenlage ist die Nutzung der amtlichen Statistik, also der Wahl(bezirks)statistik auf der einen und der Regional- und Arbeitsmarktstatistik auf der anderen Seite.[10] Das hat nicht nur den Vorteil, dass hier in sehr großer Detailschärfe umfangreiche und sehr verlässliche Daten vorliegen, sondern möglicherweise einen zusätzlichen Nutzen: Wenn man sich von der Individualdatenebene der Umfragen löst und stattdessen – kleinräumige – lokale Variation betrachtet, wählt man ein Untersuchungsdesign, das einem stabilen Befund aus der Literatur, nämlich dass Menschen in ihrer Wahlentscheidung die allgemeine Wirtschaftslage stärker gewichten als ihre ganz persönliche ökonomische Situation (sozio- vs. egotropisches Wählen, siehe oben), viel besser entspricht. Und diese Orientierung der Wähler scheint auch rational in dem Sinne, dass wirtschaftliches Geschehen ja eher sozial als individuell wirkt: Eine Werksschließung oder Kurzarbeit trifft eben im Regelfall die gesamte lokale Ökonomie. Natürlich hat alles seinen Preis, so auch die Verwendung von Aggregat- statt Individualdaten, denn wir können nun nicht zwingend von der beobachteten Aggregatebene auf die nicht beobachtete Individualebene schließen. Daher ergänze ich meine Untersuchung auf der Gemeindeebene (teilweise Kreisebene) mit der Auswertung von Individualdaten und versuche, das Problem des sogenannten »ökologischen Fehlschlusses« durch eine hohe Fallzahl so gering zu halten wie möglich.

Die amtliche Statistik, in unserem Fall also die Wahl-, die Regional- und die Arbeitsmarktstatistik, liefert uns besonders verlässliche und besonders reichhaltige Daten. Was die Wahldaten angeht, gilt natürlich das Wahlgeheimnis, wir können also nicht beobachten, wer wie wählt, sondern wir erhalten lediglich die jeweiligen Stimmenanteile der Parteien in möglichst hoher räumlicher Desaggregation. Über diese kleinräumige Information lässt sich allerdings ermitteln, ob eher in der Stadt oder auf dem Land rechtspopulistisch gewählt wird, eher im Osten als im Westen, eher in strukturschwachen Gebieten oder in den boomenden Regionen usw. usf. Die Informationen sind also für unseren Zusammenhang von erheblicher Aussagekraft.

Die amtliche Wahlstatistik ist wohl die Statistik mit dem geringsten Messfehler. Sie berichtet bis hinunter auf die Ebene des einzelnen Wahlbezirks die Stimmenanteile der Parteien, die Zahl der ungültigen oder gültigen Stimmen sowie die Wahlbeteiligung in sehr hoher Präzision: Bei der Bundestagswahl vom 24. September 2017 stimmten im Marktflecken Weilmünster genau 26 Personen für die AfD und die exakt gleiche Anzahl für die FDP (Bundeswahlleiter 2018). Für die Bundestagswahl 2017 stehen dabei Angaben aus insgesamt 88511 Wahlbezirken zur Verfügung. Weil aber auf dieser Ebene nicht auch die entsprechenden sozioökonomischen Informationen verfügbar sind, aggregiere ich die Wahlbezirksinformationen auf Gemeinde- (11500 Gemeinden) oder Kreisebene (402 Kreise). Auf Gemeindeebene gibt es für den hier interessierenden Fragekontext durchaus relevante Daten, etwa über Arbeitslosigkeit, über geringfügig entlohnte Beschäftigung, über den Anteil sozialversicherungspflichtig Beschäftigter oder auch über die Wirtschafts- und Berufsstruktur oder das Steueraufkommen, was als guter Näherungswert für relativen Reichtum genommen werden kann, oder über die Anträge auf Kurzarbeitergeld, die sich wiederum als wirtschaftlicher »Stressindikator« heranziehen lassen. Die Angaben sind teils der Arbeitsmarktstatistik der Bundesagentur für Arbeit entnommen,[11] teils der Regionalstatistik der statistischen Landesämter beziehungsweise des Statistischen Bundesamtes (https://www.regionalstatistik.de). Teils basieren sie auch auf Sonderauswertungen, die die Bundesagentur für Arbeit eigens für die folgende Untersuchung durchgeführt hat (Betriebe nach Wirtschaftszweigen, Berufsstatistik sowie Anträge auf Kurzarbeit, jeweils auf Gemeindeebene). Zusätzlich erlauben eine Reihe von Kontrollvariablen die Überprüfung plausibler Zusammenhänge etwa zwischen Ausländeranteil, Verstädterung und AfD-Stimmenanteil oder bilden ab, dass die Rechtspopulisten aus einer Reihe von Gründen in den neuen Bundesländern erfolgreicher sind als in den alten.

Was sind nun die theoretisch hergeleiteten Erwartungen bezüglich des Wahlerfolgs der AfD?

Gemäß der oben entwickelten Erklärung ist die leitende Vermutung, dass den gängigen Modernisierungs- oder Globalisierungsverlierer-Hypothesen im deutschen Fall wenig Erklärungskraft zukommen sollte. Ganz im Gegenteil, die Erwartung lautet, dass Arbeitsmarkt-Insider unter den AfD-Wählern überrepräsentiert sind. Deutschland als geradezu prototypischer Fall einer exportorientierten Politischen Ökonomie (mit einem entsprechend großzügigen System sozialer Sicherung) gilt in dem oben skizzierten Erklärungsschema als ein Land, in dem wir Protest von Arbeitsmarkt-Insidern gegen Migration, nicht jedoch gegen internationalen Handel erwarten sollten, sichert letzterer doch gerade Arbeitsplätze, anstatt sie zu gefährden (Dauth/Findeisen/Südekum 2017). Auch das legt die Vermutung nahe, dass es zwischen der Bundestagswahl 2013, die *vor* der Flüchtlingskrise, aber noch im Wirkungsbereich der Eurokrise stattfand, und der Bundestagswahl 2017 erhebliche Verschiebungen in der Wählerschaft der AfD gegeben haben könnte.

Auf der Linie dieses Arguments liegen zwei weitere Faktoren, die sich im Rahmen einer solchen Perspektive ebenfalls als erklärungskräftig erweisen sollten: Zum einen spielt für den bundesdeutschen Kontext meines Erachtens die Agenda 2010 eine bedeutende Rolle, weil insbesondere die drastische Verkürzung der Bezugszeit des Arbeitslosengelds (ALG I) dazu geführt hat, dass in einem Sozialstaat, der über fünfzig Jahre den »Statuserhalt« der Versicherten zu seinem zentralen Charakteristikum gemacht hatte, Insider nun relativ schnell (im Normalfall in nur zwölf Monaten) zu Outsidern werden können (siehe Kapitel 6 in Manow im Erscheinen) – es kann daher Sinn machen, von Outsidern, Insidern und »gefährdeten« Insidern zu sprechen (vgl. Da Bló et al. 2018). Die Agenda 2010 hat in dieser Hinsicht, anders als mitunter in der Literatur dargestellt (Palier/Thelen 2010), zentrale Interessen einer Kernbeschäftigtengruppe des »Modell Deutschlands«, der Facharbeiter nämlich, nachhaltig verletzt, was nach 2005 viele von ihnen zur linken Protestwahl veranlasst hat (Schwander/Manow 2017b). Die WASG (die Partei Arbeit & soziale Gerechtigkeit – Die Wahlalternative), die wenig später zusammen mit der PDS in der Partei Die Linke aufgehen sollte, gründete sich im Protest gegen die Agenda-Reformen und hatte eine ihrer organisatorischen Kernzellen in der bayerischen IG Metall. Die Reformen sind ein geradezu klassisches Beispiel für den oben angeführten Typus neuer Sozialstaatsreformen, die »Aktivierung« sowie die Überwindung des Dualismus zwischen Arbeitsmarkt-Insidern und -outsidern anstrebten und in diesem Zusammenhang Elemente der sozialen (Mindest-)Sicherung ausbauten, Elemente der sozialen Versicherung hingegen abbauten.

Es erscheint nun sehr wahrscheinlich, dass im Zuge der Flüchtlingskrise dieser »Agenda-Effekt« zum Tragen gekommen ist. Jetzt war klar, dass man im Falle der Arbeitslosigkeit nach nur einem Jahr in seiner sozialstaatlichen Absicherung faktisch den Flüchtlingen gleichgestellt wäre,[12] und das völlig unabhängig vom Ausbildungsstand, vorherigen Verdienst (und damit der Beitragshöhe) und der vorherigen Beitragsdauer. Im entsprechenden Milieu dürfte dies ganz erheblich zum Unmut über die massive Zuwanderung beigetragen haben. Und es erscheint weiterhin sehr plausibel, dass dieser Unmut dort umso deutlicher ausgeprägt war, wo er sich vor dem Hintergrund einer zurückliegenden eigenen Erfahrung von Arbeitslosigkeit oder einer Konfrontation mit ihr in der unmittelbaren sozialen Umgebung ausgebildet hat. Die Empörung hierüber konnte sich allerdings nicht in einer linken Protestwahl entladen, weil die Linke ja Migration vorbehaltlos befürwortet. So zog der Protest weiter. Wenn diese Überlegungen sich als zutreffend erweisen sollten, müsste hohe Arbeitslosigkeit *in der Vergangenheit* einen hohen AfD-Stimmenanteil in der Gegenwart erklären können.

Zum Zweiten könnte dieses Argument auch den höheren AfD-Stimmenanteil im Osten Deutschlands erklären. Dieser wäre dann ein Ergebnis des wirtschaftlichen Einigungsschocks und der damit verbundenen tiefgreifenden Verwerfungen auf dem Arbeitsmarkt. Natürlich spielen hier vermutlich weitere Faktoren mit hinein, insbesondere die geringere Verankerung des westdeutschen Parteiensystems in den »neuen« Bundesländern, spezifische regionale politische Kulturen sowie eine geringere Ausbildung von Sozialkapital (Putnam 1994, 2001), die in deutlich niedrigeren Mitgliedszahlen von Vereinen, Parteien und Gewerkschaften oder beim Engagement in der Freiwilligen Feuerwehr zum Ausdruck kommt. Ganz allgemein sind in diesem Kontext die tiefen biografischen Brüche zu nennen, die mit der deutschen Einigung einhergingen, wobei der Verlust des Arbeitsplatzes hier sicherlich regelmäßig zu den einschneidendsten Erfahrungen zählte – gerade für einen Personenkreis, dem Arbeitslosigkeit vier Dekaden lang unbekannt gewesen war. Sollte die skizzierte Erklärung zutreffen, wäre vor diesem Hintergrund zu erwarten, dass im Osten ein verstärkter Effekt früherer Arbeitslosigkeit auf die gegenwärtige AfD-Wahl zu finden ist.[13]

Die Modernisierungsverlierer-Hypothese würde alternativ hierzu erwarten lassen, dass es die vom wirtschaftlichen Strukturwandel Betroffenen sind (vor allem die Geringqualifizierten und innerhalb dieser Gruppe die Beschäftigten im niedrig produktiven Dienstleistungssektor), die zu populistischem Protest tendieren. Der Stimmanteil der AfD müsste demnach hoch sein, wo auch die Arbeitslosigkeit hoch oder sonstige wirtschaftliche Benachteiligung (etwa der Anteil der prekär Beschäftigten oder gering Entlohnten) besonders ausgeprägt ist. Im Gegensatz dazu erwartet die Hypothese vom Insider-Protest, dass der AfD-Stimmenanteil dort höher ausfallen sollte, wo der Anteil typisch Beschäftigter höher ist. Der Insider-Status wird hier gemessen etwa über den Anteil der sozialversicherungspflichtig Beschäftigten oder über die Beschäftigung im Verarbeitenden Gewerbe – wobei diese zweite Variable zugleich das grundsätzliche Arbeitslosigkeitsrisiko in der Privatwirtschaft (insbesondere in Sektoren mit Exportkonkurrenz) erfassen soll, das im Rahmen der hier entwickelten Erklärung ebenfalls von Bedeutung ist (Dauth/Findeisen/Südekum 2017).

Was sagen nun aber die Daten?

4.3 Wer wählt AfD? Die Ergebnisse

Tatsächlich bleiben die Outsider-Variablen (hier: *Arbeitslosigkeit* und *geringfügig entlohnte Beschäftigung*) entweder ohne Erklärungskraft für den AfD-Wahlerfolg oder korrelieren sogar, genau entgegengesetzt zu den Erwartungen der Modernisierungsverlierer-Hypothese, *negativ* mit den AfD-Stimmenanteilen (siehe Schaubild 4.3). Ich zeige hier um der besseren Lesbarkeit willen nur die Koeffizientenplots, die

Schaubild 4.3: Effekte von Arbeitslosigkeit und Beschäftigung auf den AfD-Stimmenanteil

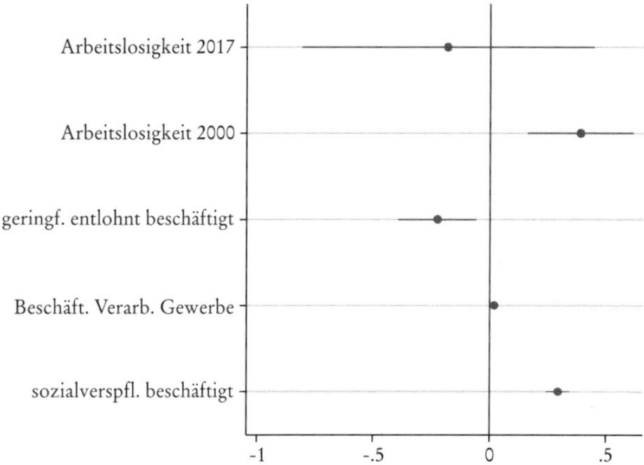

Quelle: eigene Berechnungen nach Wahlbezirks-, Arbeitsmarkt- und Regionalstatistik.

zugrunde liegenden Regressionstabellen finden sich im Anhang (siehe Tabellen A1 und A2). Schaubild 4.3 berichtet die Koeffizienten einer Regression, die den Zusammenhang zwischen (Zweit-)Stimmenanteil der AfD und der jeweiligen Wirtschafts-, insbesondere Arbeitsmarktlage auf Gemeindeebene schätzt. Im Schaubild zeigen Punkte *rechts* der senkrechten Null-Linie einen *positiven* Zusammenhang zwischen unabhängiger und abhängiger Variable an (etwa: *je höher* der Anteil sozialversicherungspflichtiger Beschäftigung in einer Gemeinde, *desto höher* der AfD-Stimmenanteil), Punkte *links* dieser Linie einen *negativen* (etwa: *je höher* der Anteil der geringfügig entlohnt Beschäftigten in einer Gemeinde, *desto geringer* der AfD-Zweitstimmenanteil). Die waagerechten Striche durch die Punkte hindurch geben die Konfidenzintervalle an – schließen sie die Null-

Linie ein, können wir auf konventionellen Niveaus statistischer Signifikanz[14] nicht von einem gesicherten Zusammenhang zwischen abhängiger und unabhängiger Variable ausgehen.

Schaubild 4.3 zeigt nun ein Bild, das sich mit Modernisierungs- oder Globalisierungsverlierer-Thesen schwer vereinbaren lässt.[15] Outsider-Variablen haben entweder keinen oder sogar einen negativen Einfluss auf das AfD-Ergebnis. Im Kontrast dazu haben die zwei Insider-Variablen (die *sozialversicherungspflichtige Beschäftigung* bzw. die *Beschäftigung im verarbeitenden Gewerbe*) einen zumeist statistisch signifikanten und durchgängig *positiven* Einfluss auf den AfD-Stimmenanteil, auch wenn er bei der Beschäftigung im verarbeitenden Gewerbe insgesamt gering ausfällt. Diese Befunde sind völlig stabil über alle Modelle, unter Ein- und Ausschluss aller möglichen anderen Variablen und angesichts der sehr hohen Fallzahl von meist über 10 000 Beobachtungen auch sehr robust.

Um das ins Verhältnis zu setzen und eine bessere Vorstellung von der Effektstärke zu bekommen (vgl. Tabelle A2 im Anhang): Bei der Veränderung der unabhängigen Variablen *sozialversicherungspflichtige Beschäftigung* um zwei Standardabweichungen (bei einer Standardabweichung von 4,97) ändert sich die abhängige Variable, also der AfD-Zweitstimmenanteil, um etwa 2,7 Prozent. Eine Veränderung in gleicher Größenordnung (zwei Standardabweichungen) bei der Variable *Arbeitslosigkeit im Jahr 2000* (bei einer Standardabweichung 2,43) würde zu einer Erhöhung des AfD-Stimmenanteils von 1,2 Prozent führen. Noch der Faktor *Beschäftigung im Verarbeitenden Gewerbe* würde, wenn man diesen Zwei-Standardabweichungen-Schritt zugrunde legt, 0,5 Prozent des AfD-Stimmenanteils erklären.

Schaubild 4.4: Effekte von Arbeitslosigkeit und Beschäftigung auf den AfD-Stimmenanteil in West- und Ostdeutschland

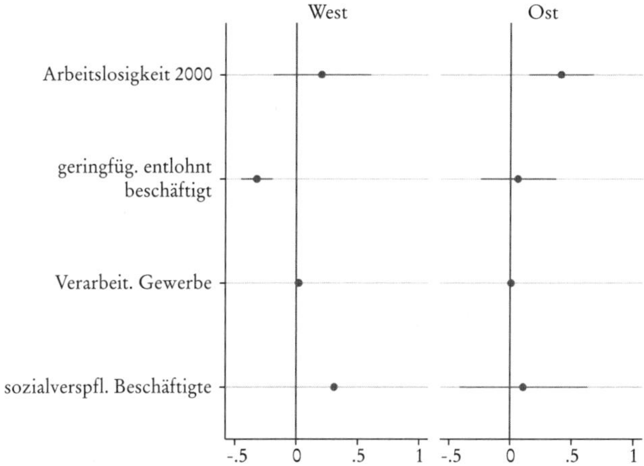

Quelle: eigene Berechnungen nach Wahlbezirks-, Arbeitsmarkt- und Regionalstatistik.

Wenn man die »alten« und die »neuen« Bundesländer getrennt betrachtet (siehe Schaubild 4.4; dazu erneut Tabelle A2 im Anhang), zeigt sich, dass Arbeitslosigkeit und reguläre Beschäftigung hinsichtlich der rechtspopulistischen Wahl in beiden Landesteilen in die gleiche Richtung wirken. Ihr Effekt auf den AfD-Stimmenanteil ist jedoch unterschiedlich stark: Die zum Zeitpunkt der Bundestagswahl *aktuelle* Arbeitslosigkeit leistet in Ost wie West keinerlei Erklärungsbeitrag (in Schaubild 4.4 daher nicht berichtet). Aber während im Osten insbesondere frühere Arbeitslosigkeit gegenwärtigen AfD-Erfolg erklären kann, ist es im Westen eher die momentane reguläre Beschäftigung. Signifikante Effekte der geringfügig entlohnten Beschäftigung (negativ auf AfD-Stimmergebnis) sowie der Beschäftigung im Verarbeitenden Gewerbe (positiv auf AfD-Stimmergebnis) sind hingegen auf das Gebiet der alten Bundesrepublik beschränkt.

Der Befund, dass sich ein starker, stabiler Zusammenhang zwischen der Arbeitslosigkeit im Jahr 2000 und dem Erfolg der Rechtspopulisten im Jahr 2017 ergibt (während die aktuelle Arbeitslosigkeit ohne Effekt bleibt), ist bedeutsam. Im Lichte des Umstands, dass die Arbeitslosigkeit in Deutschland seit ihrem Höhepunkt im Jahr 2005 sogar während der Finanzkrise 2008/2009 (!) stetig zurückgegangen war und sich deswegen im September 2017 auf einem historischen Tiefststand befand (»historisch« seit 1990 gerechnet), mag es vielleicht nicht so überraschend erscheinen, dass die gegenwärtige Arbeitslosigkeit den AfD-Wahlerfolg in der Wahl zum 19. Bundestag auch nicht nur teilweise erklärt.[16] Dass es aber die Erinnerung an die Arbeitslosigkeit vor geraumer Zeit ist, vor über fünfzehn Jahren, die sich hier als deutlich erklärungskräftig erweist,[17] und dass sich dieser Zusammenhang insbesondere im Osten ausgeprägt findet, ist bemerkenswert: In den neuen Bundesländern steigt mit jedem Prozent Arbeitslosigkeit im Jahre 2000 der AfD-Stimmenanteil im Jahre 2017 um fast ein halbes Prozent. Dieser Befund würde sich aber durchaus in eine Erklärung fügen, die nicht einen gegenwärtigen Outsider-Status, sondern die Erinnerung an einen vergangenen mit dem populistischen Protest in Zusammenhang bringt – oder generell das Bewusstsein davon, wie schnell sich Statusverlust und sozialer Abstieg vollziehen können (siehe oben).

Wenn wir die Wahlen zum 18. und zum 19. Bundestag von 2013 und 2017 vergleichen, sehen wir, dass die ökonomischen Determinanten der Stimmabgabe für die AfD sich überhaupt erst in der letzten Bundestagswahl voll ausgebildet haben. Insbesondere ist zu beachten, dass sich das Vor-

Schaubild 4.5: Effekte von Arbeitslosigkeit und Beschäftigung auf den AfD-Stimmenanteil bei den Bundestagswahlen 2013 und 2017

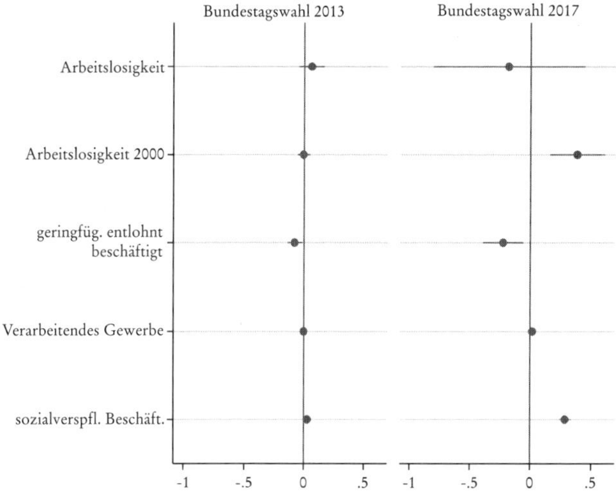

Quelle: eigene Berechnungen nach Wahlbezirks-, Arbeitsmarkt- und Regionalstatistik.

zeichen der Wohlstandsvariable (Durchschnittseinkommen, gewonnen aus der Variable *steuerpflichtiges Einkommen*) dreht, von positiv zu negativ. Die Vermutung, dass sich die Wählerschaft der AfD innerhalb kurzer Zeit, von der Euro- zur Flüchtlingskrise, erheblich wandelte (Schmitt-Beck 2017), wird durch solche Befunde unterstützt (Schaubild 4.5; Tabelle A3 im Anhang).

Ansonsten zeigt sich, dass erst in der Bundestagswahl 2017 die Variablen *Arbeitslosigkeit im Jahre 2000* und *Anteil der sozialversicherungspflichtig Beschäftigten* für die Erklärung des AfD-Wahlerfolgs erklärungsrelevant werden.

Zusammengenommen sind die Resultate recht eindeutig: Zunächst erweisen sich die Outsider-Variablen durchweg alle als nicht erklärungskräftig – wenn sie nicht sogar genau entgegengesetzt wirken, wie gängige Modernisierungsverlierer- oder Globalisierungsverlierer-Thesen es erwarten lassen würden. Diese Erklärungen helfen im deutschen Fall also ganz offensichtlich nicht weiter. Denn wenn man die »Unternehmer und Facharbeiter in den Exportsektoren« zu den Globalisierungsgewinnern zählt, die daher als wenig Populismus-anfällig gelten müssten (Kriesi et al. 2006, S. 922), stellt sich die Frage, warum dann gerade unter den Facharbeitern in Deutschlands offenen und prosperierenden Regionen, also in Sachsen, Bayern und Baden-Württemberg, der populistische Protest so hoch ausfällt? Mit einem höheren Anteil an sozialversicherungspflichtiger Beschäftigung beispielsweise *steigt* der Zweitstimmenanteil der AfD ebenso wie mit einem höheren Anteil von Beschäftigten im Verarbeitenden Gewerbe (wobei letzterer Effekt eher schwach ausgeprägt ist). Zusätzlich zeigt sich – insbesondere für Ostdeutschland – ein starker Zusammenhang zwischen vergangener Arbeitslosigkeit und gegenwärtiger Protestwahl.

Insgesamt werden diese Befunde bestätigt, wenn wir denselben Zusammenhang auf Kreis- statt auf Gemeindeebene untersuchen. Der Vorteil: sehr viel mehr Variablen; der Nachteil: sehr viel weniger Beobachtungen – nämlich nicht mehr 11 500 Gemeinden, sondern nur noch 405 Kreise.[18] Aber die sehr viel umfangreicheren Sozialindikatoren auf Kreisebene ermöglichen eine adäquatere Messung eines so vielschichtigen Konzepts wie »wirtschaftliche Benachteiligung« oder Deprivation. Darunter muss man dann nicht mehr nur Arbeitslosigkeit verstehen, sondern kann soziale oder ökonomische Benachteiligung sehr viel umfassender mit einem Deprivationsindikator abbilden. In diesen gehen hier unter anderem ein: das Ausmaß der Arbeitslosigkeit der unter 25- und der über 55-Jährigen, der Anteil der Langzeitarbeitslosen, die Beschäftigungsquote, das durchschnittliche Haushaltseinkommen, der Anteil der Geburten von minderjährigen Müttern, die Haushaltsgröße, die Lebenserwartung mit 60 Jahren, das Ausmaß der Unterbeschäftigung, der Anteil der »Mini-Jobs« an der Gesamtbeschäftigung, die Altersarmut (als Anteil der Rentner, die auf Sozialhilfe angewiesen sind), der Anteil der Kinder in Hartz-IV-Haushalten, die Zahl der Privatinsolvenzen, Sozialhilfeempfänger, alleinerziehender Mütter mit Hartz-IV-Bezug sowie alleinerziehender Mütter unter 25 mit Hartz-IV-Bezug, der allgemeine Umfang an Sozialtransfers, die Entfernung zum nächsten Krankenhaus, der Umfang der kurz- und langfristigen Arbeitsmarktmaßnahmen (siehe zu den Details Schwander/Manow 2017a).

Aus diesen vielen Indikatoren lässt sich ein Index bilden, der für jeden Kreis die so erfasste relative wirtschaftliche Benachteiligung misst. Aber auch unter seiner Verwendung ergibt sich auf der Ebene der Kreise und kreisfreien Städte im Wesentlichen das identische Bild, das sich bereits auf Gemeindeebene gezeigt hatte (Schwander/Manow 2017a): Keines der Deprivationsmaße erklärt die AfD-Wahl. Nicht in den strukturschwachen Gebieten, sondern gerade dort, wo das traditionelle deutsche industrielle Modell noch intakt ist, scheinen die Rechtspopulisten überdurchschnittliche Erfolge zu feiern – und das nicht bei den benachteiligten Arbeitsmarktgruppen, sondern eher bei denen in regulärer Beschäftigung. Das deckt sich mit dem Befund, dass laut der Forschungsgruppe Wahlen 15 Prozent der Gewerkschaftsmitglieder AfD gewählt haben, während es im Bundesdurchschnitt nur 12,6 Prozent waren. Im Osten liegen AfD und Linke unter Gewerkschaftsmitgliedern mit jeweils 22 Pro-

Tabelle 4.1: Determinanten für den AfD-Stimmenanteil bei der Bundestagswahl vom September 2017, Kreise und kreisfreie Städte

	Modell 1	Modell 2
Ausländeranteil	0,215***	0,117**
	(0,05)	(0,05)
Ostdeutschland	11,054***	12,700***
	(1,42)	(1,43)
sozialversicherungspflichtige	0,008	−0,025*
Beschäftigung	(0,02)	(0,01)
Beschäftigung Verarbeitendes Gewerbe	0,078***	0,070**
	(0,03)	(0,03)
geringfügige Beschäftigung	0,032	0,083
	(0,13)	(0,11)
steuerpflichtiges Einkommen	−0,002**	
	(0,00)	
Arbeitslosigkeit, Männer	−0,246**	
	(0,10)	
Deprivationsindex		−0,612*
		(0,29)
Konstante	14,524***	8,277***
	(2,80)	(1,07)
R2	0,688	0,678
N	396	396

* $p<0,1$; ** $p<0,05$; *** $p<0,01$, geclusterte Standardfehler auf der Ebene der Bundesländer

zent sogar gleichauf und rangieren damit 4 Prozent vor der SPD.[19]

Tabelle 4.1 bestätigt im Großen und Ganzen, bei Abweichungen hinsichtlich einzelner Variablen, das Bild, das sich auf der Gemeindeebene gezeigt hat. Die Insider-Variablen korrelieren zumeist positiv mit dem AfD-Stimmenanteil, die Outsider-Variablen negativ (oder bleiben völlig insignifikant).

Das im Wesentlichen gleiche Bild ergibt sich, wenn wir die Betrachtung nach Ost- und Westdeutschland getrennt durchführen und zusätzlich zur gegenwärtigen Arbeitslosigkeit die aus dem Jahr 2000 in die Regression aufnehmen (hier nicht berichtet). Kurz: Auch auf Kreisebene unterstützt die verfügbare Empirie grundsätzlich die Insider-These und liefert für die Thesen von den Modernisierungs- oder Globalisierungsverlierern keine Evidenz. Eine Auswertung der Deutschen Wahlstudie führt zu weitgehend übereinstimmenden Befunden (Schwander/Manow 2018). Auch hier sind die Arbeitsmarkt-Insider substanziell häufiger unter den AfD-Wählern vertreten.

4.4 *Verteilungsgerechtigkeit und Protest*

Diese Befunde fügen sich zu einer recht konsistenten Deutung: Für die Wähler war in der Bundestagswahl 2017 der Komplex »Flüchtlinge/Ausländer« bei Weitem das wichtigste Thema (Forschungsgruppe Wahlen).[20] Die Auswertung der Wahldaten legt nahe, dass die Abwanderung zur migrationskritischen AfD insbesondere bei Personen ausgeprägt war, die entweder in der Vergangenheit selbst Erfahrungen mit Arbeitslosigkeit gemacht oder diese in ihrer unmittelbaren Umgebung erlebt hatten und sich daher eines ständigen Arbeitslosigkeitsrisikos – und des nun damit verbundenen schnellen sozialen Abstiegs – bewusst waren. Das steht nicht im Widerspruch mit dem Umstand, dass die Arbeitslosenquote seit 2005 praktisch durchgehend gesunken war, so dass auch die individuelle Angst vor sozialem Abstieg im September 2017 insgesamt sehr gering ausgeprägt war (Lengfeld 2017b; Betz/Habersack im Erscheinen, S. 8). *Gegenwärtiger* Statusverlust, eine *aktuell erlebte* soziale oder ökonomische Deprivation können mithin schwerlich in Anschlag gebracht werden für die Wahl der Rechtspopulisten in der Bundestagswahl 2017. Es ist vielmehr die in der Vergangenheit erfahrene Arbeitslosigkeit, die sich in Verbindung mit der Flüchtlingspolitik nach 2015 zu einem Syndrom des Unmuts verfestigte. Man könnte formulieren: AfD-Wähler leiden an Reminiszenzen – Reminiszenzen, die durch das Geschehen in den Jahren 2015ff. aktualisiert wurden. Das braucht man nun aber nicht zu psychologisieren (und auch nicht zu »kulturalisieren«), denn dahinter scheint doch (auch oder wesentlich?) ein Konflikt über die »gerechte Verteilung von Ressourcen« (Oesch 2013, S. 34) zu stehen, und das heißt eine vielleicht kulturalisierte, im Kern jedoch sozioökonomische Auseinandersetzung.

Die gängigen Befunde, sprich erhöhter AfD-Stimmenanteil im Osten, erhöhter Stimmenanteil unter Männern, erhöhter Stimmenanteil unter Arbeitern in den Regionen, in denen das industrielle Modell Deutschlands weiterhin prägend ist (und das heißt auch in Regionen mit hohem Exportanteil), sind konsistent mit einer Erklärung in Übereinstimmung zu bringen, die auf die Problematik von Migration in Politischen Ökonomien verweist, die auf großzügige sozialstaatliche Kompensation von Außenhandelsrisiken setzen. Hier hatten wir Insider-Protest gegen die »grenzüberschreitende Bewegung von Personen« erwartet, nicht aber gegen die grenzüberschreitende Bewegung von Gütern (siehe Kapitel 3), und diesen Protest insbesondere unter den Beschäftigten jener Sektoren vermutet, die eher von der Globalisierung profitiert haben und weiterhin profitieren, also gerade nicht unter den Verlierern der Außenhandelsoffenheit oder des Strukturwandels allgemein.

In der Bundestagswahl vom September 2017 kamen offenkundig mehrere Entwicklungen zusammen: zunächst und hauptsächlich der massive, als krisenhaft erlebte Anstieg der Zuwanderung in und nach 2015; dazu das Bewusstsein von der eigenen ökonomischen Verletzlichkeit, das im Osten aufgrund der aus dem Transformationsprozess resultierenden Verwerfungen auf dem Arbeitsmarkt und in der Wirtschaft allgemein besonders ausgeprägt war, und schließlich die im Rahmen der Agenda 2010 vollzogene Abwicklung des alten Modells sozialstaatlicher Statussicherung. Das alles addierte sich offenbar zur Wahrnehmung, zurückgesetzt und ökonomisch deklassiert zu werden, zur Wahrnehmung des *line-jumpings* der Migranten, der Aufkündigung eines impliziten Vertrags zwischen den Bürgern und ihrem Staat, der ja aber augenscheinlich gar keine Bürger, sondern nur noch auf einem bestimmten Territorium akzidentiell versammelte Marktindividuen und Rechtsträger kennen will.[21] Die ursprüngliche, von der Agenda 2010 ausgelöste Protestbewegung nach links (Schwander/Manow 2017b) wurde nun zu einer Protestbewegung nach rechts, weil die linke Opposition hinsichtlich der Einwanderung keine Alternative zur Regierungspolitik bieten wollte. Am Wohlfahrtsstaat, nicht am Arbeitsmarkt oder am liberalen Außenhandel entzündete sich also der Konflikt.

Eine solche Deutung kann sich bestätigt sehen durch eine Auswertung von Daten der Deutschen Wahlstudie (Betz/Habersack im Erscheinen), die zeigt, dass im Osten wie im Westen das Flüchtlingsthema gleichermaßen stark mit dem Thema soziale Gerechtigkeit verbunden war (insofern beförderte der auf dieses Thema abstellende Wahlkampf der SPD vermutlich eine völlig unbeabsichtigte Dynamik). Im Osten war diese Verbindung vor dem Hintergrund biografischer Brüche dann sehr viel virulenter und hatte stärkere Auswirkung auf die Wahlentscheidung. Wenn man die – offen gestellte – Frage nach den beiden wichtigsten politischen Problemen in Deutschland[22] für AfD-Wähler auswertet, ist die *kombinierte* Artikulation von Sorgen über Migration und soziale Gerechtigkeit die mit sehr weitem Abstand häufigste

Antwort: Etwa 44 Prozent der ostdeutschen Befragten und knapp über 50 Prozent der westdeutschen Befragten äußern sich so, während keines der anderen genannten Themen an die 20 Prozent heranreicht (vgl. Hambauer/Mays 2018).

Alles das hat offensichtlich mit Erklärungen, die auf Modernisierungs- oder Globalisierungsverlierer abstellen, wenig zu tun. Es scheint auch nicht nötig, für eine Erklärung des Wahlverhaltens auf unterschiedliche Arbeitslogiken bestimmter Berufsklassen zu verweisen (Kitschelt/Rehm 2014; Oesch 2008, 2013), oder es ganz allgemein mit einer zunehmenden Kulturalisierung der Politik zu erklären. Weit weniger spekulativ, weit weniger voraussetzungsvoll und leichter mit den beobachtbaren empirischen Mustern in Übereinstimmung zu bringen ist eine Erklärung, die im Sinne einer Politischen Ökonomie des Populismus verschiedene Erscheinungsformen des Protests vor dem Hintergrund systematisch unterschiedlicher Globalisierungsprobleme erklärt. Im deutschen Fall ist das, wie skizziert, die Problematik eines exportorientierten Wachstumsmodells mit starken wohlfahrtsstaatlichen Kompensationselementen, die in den letzten Jahren erheblich unter Druck geraten sind. Dabei wurde die Statussicherung substanziell verringert, die Grundsicherung hingegen teils sogar ausgebaut. Sie ist natürlich im internationalen Vergleich weiterhin ausgesprochen großzügig.

Im folgenden Kapitel will ich nun fragen, ob sich dieses Erklärungsschema auch im europäischen Vergleich bewährt.

5. Die europäische Geografie des Populismus

5.1 Die vier Regime und die Varianz des Protests

Europas politische Geografie des Populismus (tendenziell links im Süden, tendenziell rechts im Norden), die politische Zweiteilung einiger Länder mit Elitenmetropolen auf der einen Seite und ländlichen Protestregionen auf der anderen, die unterschiedliche Protestausrichtung in prosperierenden und »abgehängten« Regionen und der Umstand, dass mal Insider, mal Outsider die hauptsächliche Protestträgergruppe bilden – wie ist diese Varianz zu erklären? Die in Kapitel 3 entwickelte Erklärung für diese unterschiedlichen Muster soll nun vergleichend überprüft werden.

Die Erklärungsalternativen, gegen die sich die hier entwickelte Vergleichende Politische Ökonomie des Populismus zu bewähren hat, sind erneut die verschiedenen Varianten der Deprivationsthese, die auf die Verlierer in einem mal eher ökonomisch, mal eher kulturell verstandenen Wettbewerb verweisen. Daraus ergibt sich mein Vorgehen. Ich frage: Welche beobachtbaren Implikationen haben die verschiedenen Ansätze und welche können sich durch die Empirie bestätigt sehen? Sollte beispielsweise die These von der »Proletarisierung« des rechtspopulistischen Protests zutreffen (das gilt insbesondere für die aus den in ihren Berufen vorherrschenden »Arbeitslogiken« angeblich resultierende Anfälligkeit von Arbeitern für traditionell-autoritär-nationale Einstellungsmuster), müssten Arbeiter überall in etwa gleichgerichtete Einstellungen in Bezug auf Themen haben, die auf der zweiten, soziokulturellen, Moral- und Ordnungsfragen abbildenden Dimension des politischen Raums verortet sind. Dazu zählen beispielsweise Themen wie gleichgeschlechtliche Ehen, Abtreibung, Zuwanderung, europäische Integration etc.[1] Variieren die politischen Einstellungen von Arbeitern hingegen stark nach Politischen Ökonomien und insbesondere entlang des vermuteten Musters (im Norden eher migrationskritisch, im Süden eher kritisch gegenüber Außenhandelsöffnung und fiskalischer Disziplin bzw. »Austerität«), würde das die hier entwickelte Erklärung stützen.

Oder: Wenn im Sinne der Backlash-These Populismus als Protest gegen den sich seit den siebziger Jahren vollziehenden Wertewandel zu verstehen ist (Inglehart/Norris 2016), wäre es mit einer solchen Erklärung eher schwer zu vereinbaren, wenn wir starke Einstellungsunterschiede *innerhalb* ein und derselben Gesellschaft und innerhalb ein und derselben Arbeitsmarktgruppe fänden, also beispielsweise im Vergleich zwischen Arbeitern in Nord- und Süditalien. Entsprechend wäre zu fragen, ob wir entlang von Arbeitsmarktgruppen Einstellungsunterschiede und Unterschiede im (erklärten) Wahlverhalten finden (etwa zwischen öffentlich und privat Beschäftigten, zwischen Arbeitsmarkt-Insidern und Arbeitsmarkt-Outsidern oder zwischen Arbeitern und anderen Beschäftigtengruppen), die sich in eine vergleichende, auf die jeweiligen Politischen Ökonomien abstellende Erklärung des Populismus fügen.

Ausgangspunkt meines Arguments ist, um es noch einmal in Erinnerung zu rufen (siehe Kapitel 3), eine Unterscheidung zwischen zunächst vier europäischen Politischen Ökonomien: die süd-, nord- und kontinentaleuropäische sowie die liberale Politische Ökonomie (die im Kontext unserer Betrachtung wesentlich nur durch ein Land repräsentiert wird:

Großbritannien). Ihr jeweils unterschiedliches Profil, was das Ausmaß der Umverteilung, die Ausgestaltung des Arbeitsmarkts und des Wohlfahrtsstaats oder das wirtschaftliche Wachstumsmodell angeht, lässt sich zurückführen auf die Unterschiede in ihren Wahl- und Parteiensystemen nach dem Zweiten Weltkrieg.[2] Während sich im liberalen System aufgrund der dort vorherrschenden Mehrheitswahl im Regelfall Zweiparteiensysteme ausgebildet haben, die dann insgesamt zu einer geringer entwickelten Sozialstaatlichkeit führten (Döring/Manow 2017; Iversen/Soskice 2006), entstanden in den Ländern Skandinaviens, Kontinental- und Südeuropas aufgrund des hier vorherrschenden Verhältniswahlrechts Mehrparteiensysteme und drei unterschiedliche Modelle großzügiger Wohlfahrtsstaatlichkeit (Esping-Andersen 1990; Kersbergen/Manow 2009). Die Unterschiede zwischen diesen drei großzügigen Regimen sind zu erklären vor dem Hintergrund der jeweiligen »strategischen Konfiguration der Parteien« in Nord-, Kontinental- und Südeuropa nach 1945.

Prägend waren die langfristigen Koalitionsbildungen zwischen sozialdemokratischen und Agrarparteien in Skandinavien, zwischen Christ- und Sozialdemokratie in Kontinentaleuropa und die hegemoniale Stellung bürgerlicher Sammlungsparteien in Italien und Frankreich (Democrazia Cristiana und Gaullisten), die wiederum mit systematisch von der Macht ferngehaltenen, aber stimmenstarken kommunistischen Parteien (PCI und PCF) konfrontiert waren. Die Politischen Ökonomien Spaniens und Portugals – Länder, die sich erst spät, Mitte der siebziger Jahre demokratisierten – sind zwar *nach* dem Ende des Franco- bzw. Salazar-Regimes in einem geringeren Ausmaß von dieser Konfliktkonstellation zwischen bürgerlicher Rechter und teils radikaler Linker geprägt (während die totalitären Episoden selbst als ein

Resultat dieses ausgesprochen polarisierten Konflikts verstanden werden können), aber auch hier hat die für Südeuropa typische Spaltung der Linken in einen reformerischen und einen radikalen Flügel zu einem Wirtschaftsmodell geführt, das nicht in erster Linie auf Wachstum durch Außenhandel setzt, sondern dieses hauptsächlich durch Binnennachfrage generiert. Außerdem wird auch hier eine großzügige Sozialstaatlichkeit mit einer Neigung zum Sozialstaatsklientelismus kombiniert, was normalerweise in einem eingeschränkten Zugang zu Sozialleistungen resultiert.[3] Teil dieser »Unzugänglichkeit« sind die oft uneinheitlichen und unzureichenden Systeme sozialer Grundsicherung in Südeuropa.

Für Frankreich muss einschränkend angemerkt werden, dass hier der Grad des Klientelismus deutlich geringer ausfällt (Kitschelt/Wilkinson 2007b, 2007a). Wie in vielen anderen Dimensionen auch ist Frankreich in dieser Hinsicht zwischen der süd- und der kontinentaleuropäischen Politischen Ökonomie zu verorten. Im Kontext der hier entwickelten Erklärung könnte das geringere Ausmaß an Klientelismus erklären helfen, warum Migration in Frankreich stärker und früher als in den anderen Ländern zu einem sozialpolitischen Problem wird und daher schon früh rechtspopulistischen Protest hervorruft. Aber hier spielt vermutlich auch die besondere Bedeutung der französischen Kolonialgeschichte hinein,[4] ein Faktor, der in einem rein politökonomischen Argument nicht vollständig aufgeht (so wie in Deutschland die Spaltung in SPD und Linke wesentlich Folge einer historischen Kontingenz, nämlich der deutschen Einigung, ist). Gleichzeitig ordnet sich Frankreich, was sein Wirtschafts- und Wachstumsmodell angeht, eher südeuropäisch ein (Iversen/Soskice 2018), ist also stärker auf heimische als auf internationale Nachfrage angewiesen. Das Nebeneinander von protektionistischem Linkspopulismus (La France insoumise) und migrationsfeindlichem Rechtspopulismus (Front bzw. Rassemblement National) ließe sich vor diesem Hintergrund erklären. In den folgenden Analysen ist Frankreich weder dem süd- noch dem kontinentalen Modell zugeordnet.

Zusammenfassend – und mit der Bereitschaft zu einer gewissen Vereinfachung – lässt sich sagen, dass sich in Skandinavien und in den zentralen Ländern des Kontinents (Belgien, Niederlande, Deutschland, Österreich und Schweiz) großzügige und allgemein zugängliche Wohlfahrtsstaaten ausgebildet haben, in Südeuropa großzügige, aber partikularistische und oft klientelistische Sozialstaaten sowie im liberalen Modell eine Verbindung aus residualem Wohlfahrtsstaat und dereguliertem Arbeitsmarkt. Vor dem Hintergrund dieser Unterschiede, so die zentrale These, wird Globalisierung (insbesondere in ihrer Erscheinungsform als Europäisierung) auf deutlich unterschiedliche Weisen problematisch: Entsprechend des entwickelten Erklärungsschemas löst die Bewegung von Personen im Modell großzügiger und zugänglicher Wohlfahrtsstaatlichkeit verteilungspolitische Konflikte aus, im Rahmen eines nachfragebasierten Wachstumsmodells (das aus systematischen Gründen mit einem Modell nichtuniversaler Wohlfahrtsstaatlichkeit verbunden ist; siehe Kapitel 3) hingegen die Bewegung von Gütern und Geld. Das bildet sich in einem Nord/Süd-Muster des populistischen Protests ab. Für die liberale Politische Ökonomie, also die angelsächsischen Länder (in unserer auf Europa beschränkten Perspektive also insbesondere für Großbritannien und teils für Irland) ist Außenhandel weniger problematisch, Migration als Arbeitsmigration generiert Arbeitsmarktverlierer und provoziert daher Outsider-Protest, während sich für die anderen drei Politischen Ökonomien erwarten lässt, dass Träger des Protests eher Arbeitsmarkt-Insider sind. Da die skandinavischen Länder und die Kontinentaleuropas hinsichtlich der beiden hier interessierenden Globalisierungsdimensionen, Handel und Migration, sehr ähnlich exponiert sind, fasse ich sie im Folgenden als nördliches Modell zusammen, und betrachte zusätzlich die ost-mitteleuropäischen Länder. Für sie hatte ich einen Schwerpunkt des populistischen Protests in den entweder agrarisch geprägten Verliererregionen oder den ehemaligen Zentren der Schwerindustrie und des Bergbaus erwartet.

Im Folgenden stellt sich dann die Frage, ob und inwiefern sich ein solcher vergleichender Erklärungsrahmen empirisch bestätigt findet.

5.2 Insider, Outsider, linker und rechter Protest: geografische Muster der Problemwahrnehmung und Varianten der Globalisierung

Zunächst ist es für das hier entwickelte Argument wichtig, die Behauptung eines Zusammenhangs zwischen der jeweiligen Politischen Ökonomie einerseits und der Form und Zusammensetzung der Zuwanderung nach Arbeits- und Fluchtmigration andererseits empirisch zu untermauern. Die Schaubilder 5.1 und 5.2 verdeutlichen den Zusammenhang zwischen Arbeitsmigration und dem gering regulierten Arbeitsmarkt des liberalen Modells sowie zwischen Fluchtmigration und den großzügigen Wohlfahrtsstaaten des Nordens. In Schaubild 5.1 wird zunächst der *positive* Zusammenhang zwischen einem sozialstaatlichen Großzügigkeitsindex und der Anzahl anerkannter Flüchtlinge pro

Schaubild 5.1: Zusammenhang zwischen Wohlfahrtsstaatsgroßzügigkeit und Fluchtmigration

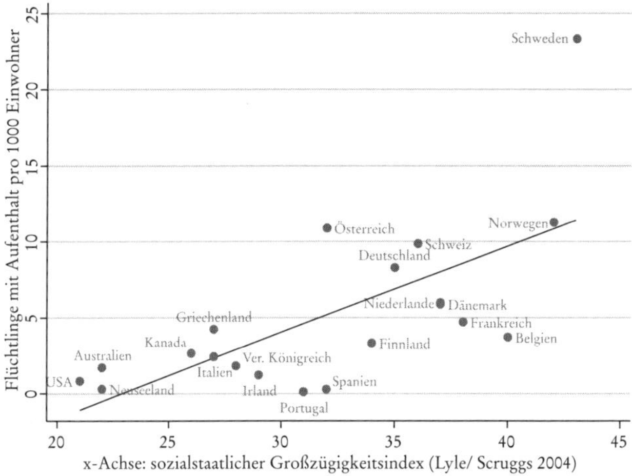

Quelle: Boräng 2018; UNHCR 2017. Der Großzügigkeitsindex bildet den Durchschnitt aus den Jahreswerten von 1980 bis 2007; die Migrationsdaten sind aus dem Jahr 2016.

1000 Bewohner veranschaulicht (Schaubild 5.1.), wobei dieser Zusammenhang auch die Unterschiede im Zugang zum Sozialstaat abbildet, da der »sozialstaatliche Großzügigkeitsindex [...] signifikant positiv [...] mit dem Zugang von Migranten zu Leistungen« assoziiert ist (Römer 2017, S. 173; vgl. Sainsbury 2006). Schaubild 5.2 zeigt entsprechend den *negativen* Zusammenhang zwischen Arbeitsmarktregulierung und dem Anteil der Arbeitsmigranten an der Gesamtmigration (Boräng 2018). Das begründet die Erwartung, dass sich in Reaktion hierauf in den Ländern unterschiedliche Protestgruppen formieren: Arbeitsmarkt-Ousider im liberalen Modell, Arbeitsmarkt-Insider im kontinentalen und skandinavischen Modell.

Schaubild 5.2: Zusammenhang zwischen Arbeitsmarktregulierung und Arbeitsmigration

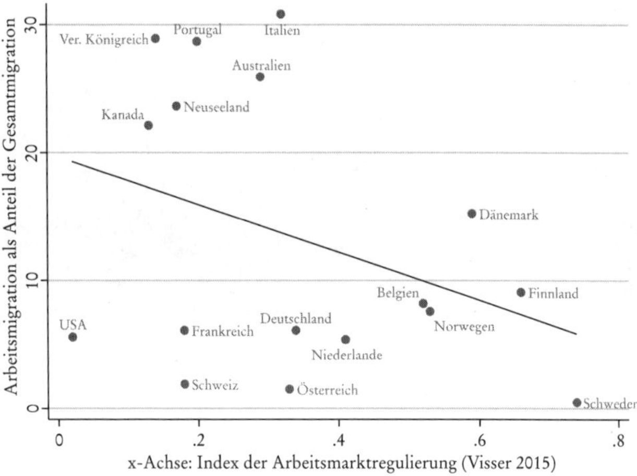

Quelle: Boräng 2018.[5] Die Daten zur Arbeitsmarktregulierung betreffen den Zeitraum 1985-2007, die Angaben zur Arbeitsmigration sind aus dem Jahr 2006.

In den beiden Schaubildern zeigen sich zudem Ländercluster, die der hier vorgenommenen Unterscheidung bestimmter Politischer Ökonomien und Wohlfahrtsstaatsregime entsprechen: Wir können in der Position der entsprechenden Länder die skandinavischen, kontinentalen, südeuropäischen und angelsächsischen Politischen Ökonomien wiedererkennen, in sinnvoller Gruppierung, mit absteigender Wohlfahrtsstaatlichkeit vom skandinavischen über das kontinentaleuropäische und südeuropäische bis hin zum angelsächsischen Modell (Schaubild 5.1), und, in umgekehrter Reihung (Schaubild 5.2), mit aufsteigender arbeitsmarktlicher Regulierungsdichte vom angelsächsischen bis zum skandinavischen Modell. Das lässt sich als erneute Bestätigung für die These deuten, dass eine Antwort auf die Frage nach den Gründen für die beobachtbare Varianz im politischen Protest in den Unterschieden zwischen den europäischen Politischen Ökonomien gefunden werden könnte.

In Bezug auf die Fluchtmigration übersetzt sich das bekanntlich in eine je nach Ländergruppe ganz unterschiedliche Belastung. Die Zahl der Erstentscheidungen in einem Asylverfahren zwischen 2008 und 2017 als Anteil der Gesamtbevölkerung[6] in den nordischen Ländern Dänemark, Finnland und Schweden, in den kontinentalen Ländern Belgien, Deutschland, Niederlande und Österreich sowie schließlich in den südeuropäischen Ländern Griechenland, Italien, Portugal und Spanien stellt eine relative gute Maßzahl dafür dar, in welchem Land – unabhängig vom Ersteintritt – die tatsächliche Aufnahme stattgefunden hat. Schaubild 5.3 bestätigt, dass die europäischen Hauptersteintrittsländer zwar in Südeuropa liegen mögen, dass sie von der Flüchtlingskrise allerdings deutlich weniger betroffen waren und weiterhin sind als der Norden (siehe auch Anhang, Tabelle A4: registrierte Asylbewerber als Anteil an der Gesamtbevölkerung). Vieles spricht dafür, den jeweiligen Protest als nicht gänzlich unabhängig vom Ausmaß des Phänomens, gegen das sich der Protest richtet, zu bewerten.

Findet sich also die Behauptung bestätigt, dass die Zusammensetzung und das Ausmaß der Migration nach verschiedenen Politischen Ökonomien variiert und dass diese daher von Arbeits- und Fluchtmigration ganz unterschiedlich betroffen sind, können wir danach fragen, ob sich das in Unterschiede in der Problemwahrnehmung seitens Gesellschaftsgruppen mit unterschiedlichen sozioökonomischen Charakteristika und dann womöglich auch in ein distinktes Wahlverhalten dieser Gruppen übersetzt. Angesichts der vor-

Schaubild 5.3: Asylerstentscheidungen im Verhältnis zur Gesamtbevölkerung im Jahr 2007 (in Prozent)

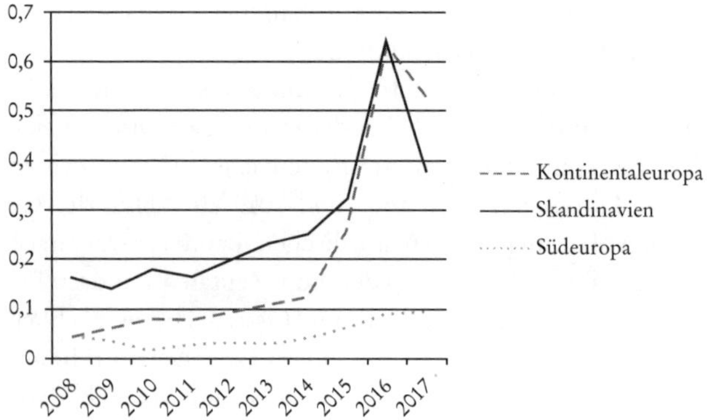

Kontinentaleuropa = BEL, NTL, GER, AUT; Skandinavien = DNK, SWE, FIN; Südeuropa = POR, ESP, ITA, GRE; Quelle: Eurostat, (migr_asydcfsta).

herrschenden Diagnose von der »Proletarisierung des Protests« liegt ein Schwerpunkt meiner Betrachtung zunächst auf der Gruppe der Arbeiter. Ich werte verschiedene Wellen des Eurobarometers (ab der zweiten Jahreshälfte 2015 bis 2017) sowie die siebte und achte Welle des European Social Survey (ESS) von 2016 und 2018 aus – aus dem Erhebungszeitraum 2014 (siebte Welle) und 2016 (achte Welle), womit diese letzte Umfrage auch schon politische Reaktionen auf die Flüchtlingskrise von 2015 beinhaltet.

Zunächst zeigen die Eurobarometer-Umfragen eine erhebliche Varianz in der Wahrnehmung der politisch vordringlichen Probleme zwischen den verschiedenen Politischen Ökonomien. Sie stehen zumindest nicht in Widerspruch zu Rodriks These, dass Rechtspopulismus dort zu erwarten ist, wo die grenzüberschreitende Bewegung von Personen als problematisch wahrgenommen wird, und Linkspopulis-

Tabelle 5.1: Eurobarometer-Frage »Die zwei wichtigsten Probleme, mit denen ihr Land konfrontiert ist: Einwanderung/Arbeitslosigkeit/Wirtschaftslage« (Arbeiter)

	Einwanderung (in %)	Arbeitslosigkeit (in %)	Wirtschaftslage (in %)	N (Zahl der Befragten)
Skandinavien	42,5	31,2	11,9	1030
Kontinentaleuropa	46,8	22,7	9,1	2119
Osteuropa	16,5	32,6	26,2	4045
Südeuropa	11,9	61,8	32,9	2576

Skandinavien = SWE, FIN, DNK, Kontinentaleuropa = BEL, NTL, GER, AUT, Südeuropa = ITA, ESP, POR, GRE, Osteuropa = BLG, ROM, POL, SLV, CZE.

Quelle: Eurobarometer von 2015 (November) bis 2017 (November; fünf Umfragen, N ≈ 165 000).

mus dort, wo die grenzüberschreitende Bewegung von Gütern und Kapital als Problem gilt. Entsprechend zeigt sich, dass es in der Wahrnehmung der politisch vordringlichsten Probleme zwischen Europas »rechtspopulistischem« Norden und dem »linkspopulistischen« Süden eine ausgeprägte Differenz gibt (Tabelle 5.1). Während in Skandinavien und Kontinentaleuropa mehr als ein Drittel bzw. fast die Hälfte derjenigen, die sich selbst der Arbeiterklasse zurechnen,[7] aus einer Liste von zehn vorgegebenen Antwortmöglichkeiten die Einwanderung als eines der zwei wichtigsten Probleme nennt, tut dies im Süden Europas nur etwas mehr als ein Zehntel dieser Gruppe. Dazu fast spiegelbildlich nennen gut zwei Drittel der Arbeiter in Südeuropa Arbeitslosigkeit als drängendes Problem, doppelt beziehungsweise dreimal so häufig wie Arbeiter in Skandinavien oder in Belgien, den Niederlanden, Deutschland oder Österreich. Das gleiche Bild ergibt sich, wenn nicht nach Arbeitslosigkeit, sondern nach der allgemeinen Wirtschaftslage gefragt wird. In Ost- und Südeuropa nennen 26 bzw. 33 Prozent aller befragten Arbeiter die Wirtschaftslage als eines der beiden wichtigsten Probleme, in Skandinavien und Kontinentaleuropa tun das nur 12 bzw. sogar nur 9 Prozent. Es liegt nahe, dass sich diese deutlich differierende Problemsicht – die, so das hier entwickelte Argument, ja die tatsächlichen Unterschiede in den Verletzungsprofilen der Politischen Ökonomien vis-à-vis verschiedener Varianten der Globalisierung gut widerspiegelt – in sehr unterschiedliche politische Präferenzen und schließlich auch Wahlentscheidungen übersetzt.

Für alle über solche einfachen Einstellungsvergleiche hinausgehenden Fragen müssen wir allerdings nun eine andere Datenquelle nutzen, da die Eurobarometer-Umfragen keine detaillierten Informationen zu den wirtschaftlichen Verhältnissen und politischen Einstellungen der Befragten erheben, so dass eine nähere Betrachtung der sozioökonomischen Lage der populistischen Wähler auf dieser Grundlage nicht möglich ist. Ich verwende für die weitere Analyse daher die siebte und achte Welle des European Social Survey (ESS) mit Daten aus 2014 und 2016 (ESS Round 7 2014; ESS Round 8 2016), die ich zusammenführe, um höhere Fallzahlen (≈ 84 500) zu erreichen.

Beim ESS werden die Teilnehmer sowohl danach gefragt, für welche Partei sie in der letzten nationalen Wahl gestimmt haben, als auch nach der selbsterklärten ideologisch-programmatischen Nähe zu einer Partei. Da sich ein beträchtlicher Anteil der Stimmen für die populistischen Parteien vermutlich Protestwahlkalkülen verdankt, nehme ich hier die (behauptete) tatsächliche Wahlentscheidung als abhängige Variable – die auch tatsächlich eine höhere Fallzahl ausweist als die erklärte ideologische Nähe. Der European Social Survey erlaubt es darüber hinaus (immer im Rahmen dessen, was durch Umfragen überhaupt zu ermitteln ist), ein sozioökonomisches Profil der Wähler populistischer Parteien zu erstellen. In unserem Zusammenhang interessiert vor allem der Arbeitsmarktstatus der Befragten. Ich unterscheide dabei zwischen sogenannten Arbeitsmarkt-Insidern und Arbeitsmarkt-Outsidern.[8] Als Insider werden hier alle Beschäftigten gefasst, die angeben, a) auf der Basis eines unbefristeten Arbeitsvertrags b) mehr als 30 Wochenstunden zu arbeiten; als Outsider all diejenigen, die entweder arbeiten wollen, aber arbeitslos sind,[9] oder auf der Basis befristeter Verträge weniger als 15 Wochenstunden arbeiten oder sogar ganz ohne jeden Vertrag arbeiten. Darüber hinaus ermöglicht es das ESS, nach Beschäftigung im privaten oder öffentlichen Sektor zu unterscheiden,[10] was im Kontext des hier entwickelten Arguments aufgrund des im Regelfall substanziell niedrigeren Arbeitslosigkeitsrisikos im öffentlichen Sektor von Interesse ist. Die Befragten geben beim European Social Survey auch an, ob sie in den letzten fünf Jahren arbeitslos und arbeitssuchend gewesen sind, eine Information, die vor dem Hintergrund des im vorherigen Kapitel deutlich werdenden Zusammenhangs zwischen früheren Arbeitslosigkeitsepisoden und aktueller populistischer Protestwahl genauer betrachtet werden soll.

Die *abhängige Variable* ist also in der folgenden Analyse die erklärte Wahl einer rechts- oder linkspopulistischen Partei, die *unabhängigen Variablen* sind der Beschäftigungsstatus, der Beschäftigungssektor sowie frühere Arbeitslosigkeitsepisoden. Kontrolliert wird für (Haushalts-)Einkommen, Bildung und Geschlecht. Ich beschränke die Betrachtung auf diejenigen im erwerbsfähigen Alter (über 17 und unter 66), die selbst im momentanen Aufenthaltsland geboren wurden und für deren Väter das ebenfalls gilt. Ich frage, wie die unabhängigen Variablen die Wahrscheinlichkeit einer Stimmabgabe für eine populistische Partei erhöhen oder verringern.[11] Welches Bild ergibt sich auf dieser Grundlage?

Zunächst zeigen sich bei den Kontrollvariablen weitgehend erwartbare Muster: der Wahlentscheid für eine populistische Partei hängt negativ mit Einkommen und Bildungsniveau zusammen (mit der Ausnahme, dass die Einkommensvariable in Osteuropa insignifikant bleibt, und dass der – leicht positive – Zusammenhang zwischen Bildung und populistischer Wahlentscheidung in Südeuropa ebenfalls statistisch nicht signifikant ist). Männer wählen häufiger als Frauen populistisch (allerdings wieder mit der Ausnahme: Osteuropa).

Hinsichtlich der Variablen, die hier von theoretischem Interesse sind – Insider- oder Outsider-Status, Beschäftigung im öffentlichen Sektor, vorherige Episoden der Arbeitslosigkeit –, zeigen sich nun jedoch sehr deutliche systematische Abweichungen zwischen den Politischen Ökonomien (Abbildung 5.4). Sie entsprechen in weiten Teilen, wenn auch nicht durchgängig, den theoretisch gewonnenen Erwartungen. Zu lesen ist der Koeffizientenplot (Abbildung 5.4), der die Ergebnisse einer – hier nicht berichteten (vgl. Anm. 13 Kapitel 5) – logistischen Regression abbildet, wie oben (Kapitel 4) bereits kurz skizziert: Koeffizienten *rechts* der senkrechten Null-Linie zeigen einen *positiven* Zusammenhang zwischen unabhängiger und abhängiger Variable an, Koeffizienten *links* dieser Linie einen *negativen*. Die waagerechten Striche durch die Punkte zeigen an, ob wir auf konventionellen Niveaus statistischer Signifikanz von einem gesicherten (positiven oder negativen) Zusammenhang zwischen unabhängiger und abhängiger Variable sprechen können. Schließen die Striche die Null-Linie ein, ist das nicht möglich.

Eindeutig und sehr ausgeprägt ist der Befund, dass Insider

in den nördlichen Politischen Ökonomien rechtspopulistisch wählen, während Insider *wie* Outsider in der Politischen Ökonomie Südeuropas Linkspopulisten ihre Stimme geben. Das entspricht der Erwartung, dass es a) die Insider in diesen beiden Politischen Ökonomien sind, die sich für populistische Parteien entscheiden, dass sie sich b) im Norden und im Süden in ideologisch genau entgegengesetzte Richtungen bewegen, und dass schließlich c) in den südeuropäischen Ländern die politischen Interessen von Insidern und Outsidern eher übereinstimmen. Genau spiegelbildlich fällt im Vergleich der beiden Politischen Ökonomien der Effekt einer Beschäftigung im öffentlichen Sektor aus: Im Norden verringert eine solche die Wahrscheinlichkeit einer populistischen Wahl, im Süden erhöht er sie. Beide Effekte sind substanziell. Das entspricht ebenfalls den Erwartungen, die man vor dem Hintergrund einer politökonomischen Perspektive formulieren würde: In einem auf heimischer Nachfrage basierenden Wachstumsmodell kommt der Staatsnachfrage eine entscheidende Rolle zu. Zentrales Element der Staatsnachfrage ist die Beschäftigung im öffentlichen Sektor, die zudem oft Bestandteil eines klientelistischen Politikmodus ist. Politisch wichtige Versprechen linker Parteien betreffen hier die Expansion öffentlicher Beschäftigung. Im Staatssektor sind die gut organisierten, mitgliederstarken Gewerkschaften überdies oft eine enge Verbindung mit Parteien der Linken eingegangen. Das sind Unterstützungsnetzwerke, die die linkspopulistischen Parteien, bei aller grundlegenden Opposition gegenüber den »Altparteien« des politischen Establishments, im Regelfall übernehmen.[12] Im Norden hingegen ist die Rekrutierung im Öffentlichen Dienst nicht klientelistisch. Die Beschäftigten sind dabei vor den im privaten Sektor verbreiteten wirtschaftlichen Befürchtungen abgeschirmt, ihre populistische Wahlneigung deswegen geringer entwickelt. Für die osteuropäischen Länder hingegen findet sich ein positiver Zusammenhang zwischen Beschäftigung im öffentlichen Sektor und populistischem Wahlentscheid. Auch dieser Befund weckt Zweifel an Deutungen für das populistische Phänomen, die mit aus Arbeitslogiken resultierenden politischen Einstellungen argumentieren (Beramendi et al. 2015a; Oesch 2013).

Alle drei Befunde, Insider-Status der populistischen Wähler, ausgeprägte ideologische Nord/Süd-Unterschiede, unterschiedliche Effekte der Beschäftigung im öffentlichen Sektor, lassen sich entweder nicht durch kulturalistische Argumente erklären, oder die gängigen Modernisierungsverlierer-Thesen verfangen nicht, da – wie die Daten belegen – es im Regelfall die Insider, nicht die Outsider sind, die sich unter den Wählern der populistischen Parteien überrepräsentiert finden.

Das osteuropäische Muster hingegen passt weniger eindeutig zu den Erwartungen, die man aus einer politökonomischen Perspektive gewinnt. Auch hier, das legen die Daten nahe, sind eher Arbeitsmarkt-Insider als Arbeitsmarkt-Outsider unter den Wählern populistischer Parteien zu finden. Vorherige Episoden der Arbeitslosigkeit senken deutlich die Wahrscheinlichkeit der Protestwahl, statt sie zu erhöhen, und eine Beschäftigung im öffentlichen Sektor ist positiv korreliert mit einer solchen Wahrscheinlichkeit.[14]

Die Vermutung hatte hier gelautet, dass es eher die »Zurückgelassenen« in den ländlichen Regionen sind, die sich als Globalisierungsopfer verstehen und PiS, Fidesz oder (im slowakischen Fall) Smer wählen, aber vielleicht vermögen ja auch die verwendeten Kategorien es nicht gänzlich, die entscheidenden Differenzen präzise in den Blick zu nehmen.

Schaubild 5.4: Koeffizientenplot, logistische Regression mit abhängiger Variable »in der letzten nationalen Wahl für eine populistische Partei gestimmt«[13]

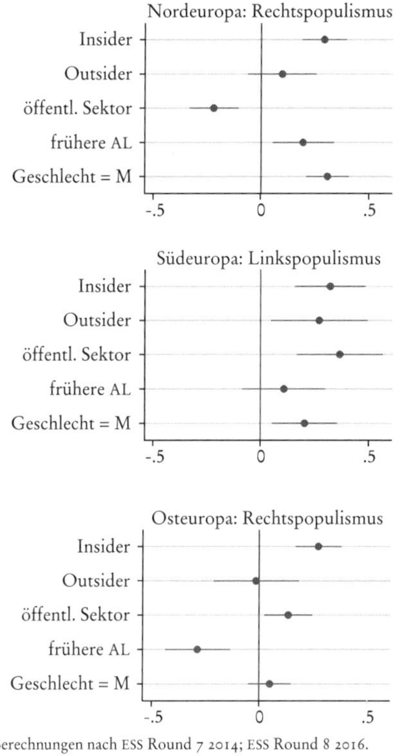

Quelle: eigene Berechnungen nach ESS Round 7 2014; ESS Round 8 2016.

Die im European Social Survey berichtete relativ feingliedrige Aufteilung nach Beschäftigungssektoren (NACER2) ermöglicht es jedoch, die relative Häufigkeit der populistischen Wahl nach Beschäftigung in den Wirtschaftssektoren – Landwirtschaft und Bergbau, Verarbeitendem Gewerbe und

Tabelle 5.2: Häufigkeitsverteilung populistische Wahlentscheidung, nach Regionen und Sektoren

	Nordeuropa: Rechts-populismus (in %)	Südeuropa: Links-populismus (in %)	Osteuropa: Rechts-populismus (in %)
Landwirtschaft & Bergbau	8,66	3,70	21,29
Verarbeitendes Gewerbe	8,28	8,40	17,34
Öffentlicher Sektor	4,46	10,25	15,56

Quelle: ESS 7 und ESS 8.

Öffentlichem Sektor – auszuweisen (siehe Tabelle 5.2). Zumindest diese Betrachtung bestätigt die Vermutung, dass sich in Osteuropa die Beschäftigten im ersten Sektor (Landwirtschaft und Bergbau), in Nordeuropa die im ersten und zweiten, und in Südeuropa die im öffentlichen Sektor unter den populistischen Wählern überrepräsentiert finden.

Im folgenden Abschnitt möchte ich abschließend die Binnenvarianz im italienischen Fall (Lega und Movimento) genauer betrachten und den bislang noch nicht näher behandelten britischen Fall als Beispiel einer liberalen Politischen Ökonomie genauer darstellen.

5.3 Lega und Movimento, Ukip und Brexit – Einzelbetrachtungen

Spätestens seit den Parlamentswahlen im März 2018 bildet Italien Europas politische Geografie des Populismus im Binnenverhältnis noch einmal ab: Im Norden ist mit der rechtspopulistischen Lega eine vormals reine Regionalpartei erfolgreich, im Süden das linkspopulistische Movimento dominant. Werten wir die oben bereits herangezogenen Eurobarometer-Umfragen – dieses Mal nach Nord- und Süditalien getrennt – erneut für diejenigen aus, die sich selbst der Arbeiterklasse zuordnen (siehe Tabelle 5.3), finden wir bezüglich der Einschätzungen zur Wirtschaftslage oder zur Arbeitslosigkeit keine nennenswerten interregionalen Unterschiede, hinsichtlich der Einwanderungsfrage hingegen eine beträchtliche Varianz. Italienweit geben 29,5 Prozent der Arbeiter an, dass Einwanderung zu den beiden wichtigsten Problemen gehört, mit denen sich das Land konfrontiert sieht.[15] In Norditalien sind es jedoch 36,6 Prozent, in Süditalien hingegen nur 22,5. Eine Differenz von 14 Prozent innerhalb ein und derselben Gesellschafts- oder Arbeitsmarktgruppe ist schwer mit angeblich aus bestimmten Arbeitslogiken herrührenden politischen Einstellungen oder mit dem Argument zu erklären, populistischer Protest sei Ausdruck eines kulturellen Backlashs gegen einen Wertewandel, der die westlichen Gesellschaften seit Ende der sechziger Jahre grundlegend liberalisiert habe. Dazu kommt noch, dass der linkspopulistische Protest des Südens (Europas und Italiens) ja ohnehin ganz explizit ökonomisch gegen »Austerität« ausgerichtet ist, was erst mal wenig mit Wertewandel zu tun hat.

Diese Differenz lässt sich auch schwerlich mit einem Ansatz erklären, der auf das politische »Angebot« (also die sogenannte »supply side«) abstellt, also Unterschiede in der Problemwahrnehmung in erster Linie nur als Resultat unterschiedlicher parteipolitischer Mobilisierungsstrategien interpretiert (vgl. z. B. Mudde/Kaltwasser 2017). In dieser Perspektive wäre die Ablehnung der Migration dort höher, wo es Rechtspopulisten gibt, und nicht umgekehrt – nämlich dort, wo es diese Ablehnung gibt, der Rechtspopulismus stärker.

Tabelle 5.3: Eurobarometer-Frage »Die zwei wichtigsten Probleme, mit denen ihr Land konfrontiert ist: Einwanderung/Arbeitslosigkeit/Wirtschaftslage« (Arbeiter; Italien)

	Einwanderung (in %)	Arbeitslosigkeit (in %)	Wirtschaftslage (in %)	N
Italien	29,5	49,0	25,0	655
Norditalien	36,6	49,0	23,3	257
Süditalien	22,5	48,9	22,8	311

Quelle: Eurobarometer von 2015 (November) bis 2017 (November; fünf Umfragen, N ≈ 165 000).[16]

Grundsätzlich ist natürlich richtig: In Demokratien lässt sich nie völlig eindeutig feststellen, wer wen beeinflusst; in demokratischen Repräsentationsverhältnissen folgen immer zugleich Parteien Wählern und Wähler Parteien. Natürlich versuchen Parteien – soweit sie das können – »die Agenda zu setzen«, und rechtspopulistische Parteien haben ein evidentes Interesse an der Thematisierung der Flüchtlingsproblematik, so wie andere Parteien ein Interesse an deren Nicht-Thematisierung haben. In der langfristigen und vergleichenden Betrachtung müsste aber auch eine rein angebotsseitige Erklärung eine Antwort auf die recht robuste innereuropäische Varianz anbieten können (siehe Kapitel 3): Was wären denn die Gründe, warum im Norden offensichtlich systematisch andere Mobilisierungsstrategien verfangen als im Süden? Gerade das italienische Beispiel zeigt die Grenzen des Angebotsarguments auf, da die Lega ja auch im Süden und das Movimento auch im Norden mobilisiert hatten. Sie hätten dort ebenfalls gewählt werden können – wurden es aber nicht.

Die unterschiedlichen politischen Präferenzen werden jedoch weitgehend nachvollziehbar vor dem Hintergrund dessen, was wir über die ökonomische Nord-Süd-Spaltung Italiens wissen: über die Transferabhängigkeit des Mezzogiorno und den hier besonders ausgeprägten Klientelismus, über die hergebrachten Muster der politischen Kompromissbildung, die schon unter Berlusconis Parteienbündnis Casa delle Libertà auf einem Nord/Süd-Ausgleich beruhten, und schließlich über die unterschiedliche Leistungsfähigkeit des Wohlfahrtsstaats im reichen Norden und im armen Süden, einem Wohlfahrtsstaat, in dem zentrale soziale Verantwortlichkeiten und Leistungsverpflichtungen auf der lokalen Ebene angesiedelt sind und demgemäß variieren.[17]

Was den ökonomischen Ausgleich anbelangt, wollte schon Berlusconis Bündnis zwei eigentlich unvereinbare Agenden miteinander kombinieren: eine neoliberale Lega-Agenda (Steuersenkungen, Fiskalföderalismus, Beschränkung der Einwanderung und Minimierung staatlicher Eingriffe) – und die klientelistische Alleanza-Agenda der sogenannten Destra sociale: erhöhte Transferzahlungen in den Süden, Aufblähung des dortigen Beamtenapparats plus Lohninflation im öffentlichen Sektor.[18] Erstes Opfer dieses Spagats zwischen der Forderung nach mehr Steuerautonomie für den Norden (und damit niedrigeren Einkommen für den italienischen Zentralstaat) und dem Versprechen höherer Transferzahlungen an den Süden waren die fiskalischen Konsolidierungsanstrengungen, welche die Vorgängerregierungen unter Massimo D'Alema und Giuliano Amato im Dienste der Euro-Konvergenzkriterien unternommen hatten.

Die gegenwärtige, ideologisch eher absurde Koalition aus Lega und Movimento[19] belebt dieses Muster des interregionalen Interessenausgleichs lediglich erneut. Heute besteht der politische Tausch aus – wieder einmal – Steuersenkungen im Norden und einem garantierten Grundeinkommen für den Süden, ein Kompromiss, der auch dieses Mal auf Kosten

Dritter angestrebt wird: auf Kosten der europäischen Stabilitätskriterien. Man wird die verschiedenen Populismen schwerlich als kulturellen Konflikt interpretieren können, insbesondere da sich die angeblich verfeindeten Kulturen ja recht problemlos zu Beutegemeinschaften formieren können. Die Unterschiede in der Einstellung zur Migration entsprechen dabei den unterschiedlichen Interessenkalkülen: Migranten passen sich relativ störungsfrei in die informelle Ökonomie des Südens ein und geraten nicht mit deren (vollkommen staatsdominierter) formeller Ökonomie in Konflikt. Das gilt nicht gleichermaßen für den Norden. In Italien werden mehr als 46 Prozent der Sozialausgaben für Renten und Pensionen aufgewendet, Arbeitslosenunterstützung ist an formelle Beschäftigung gebunden – und daher ebenfalls nur für wenige Migranten zugänglich, andere Sozialleistungen setzen die EU-Bürgerschaft voraus. Die einzige universale Sozialstaatsleistung auf nationaler Ebene bietet der staatliche Gesundheitsdienst, aber das Krankheitsrisiko hat kaum systematische Umverteilungseffekte. Es bleiben sozialstaatliche Leistungen im Bereich Wohnen, Familie, soziale Mindestsicherung, für die finanziell wie administrativ die 8000 italienischen Gemeinden zuständig sind (seit Kurzem sind einige dieser Sozialleistungen in die Verantwortlichkeit der Regionalebene gelegt worden). Sie fallen daher dort umfangreicher aus, wo der Wohlstand höher ist. Das führt zu einem ausgeprägten sozialstaatlichen Nord/Süd-Gefälle (Network 2014b; Pellizari 2013), dem der entsprechende populistische Protest korrespondiert. Wenig überraschend sind dann auch die jeweiligen populistischen Wählerklientele unterschiedlich, im Norden rekrutieren sie sich eher aus der im Privatsektor ihr Auskommen findenden Mittelschicht, im Süden eher aus der Gruppe der Staatsbediensteten und den unteren Ein-

Schaubild 5.5: Koeffizientenplot, logistische Regression mit abhängiger Variable »in der letzten nationalen Wahl für eine populistische Partei gestimmt« (Nord- und Süditalien)[20]

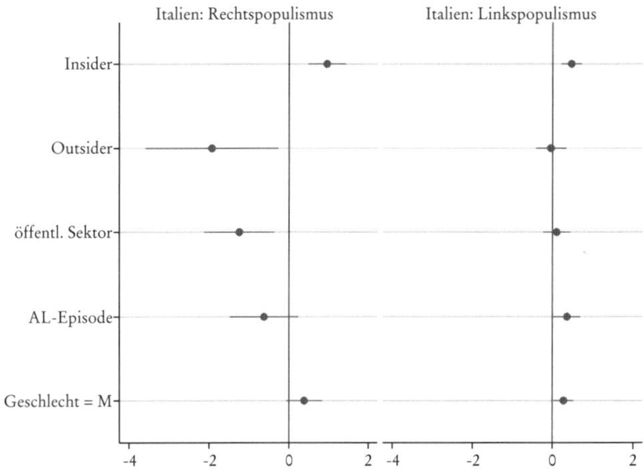

Quelle: ESS 7 und ESS 8.

kommensschichten. Bisweilen muss man auf der Suche nach dem populistischen Wähler also bereits innerhalb eines Landes sozioökonomisch differenzieren.

Schaubild 5.5 zeigt die Koeffizienten einer logistischen Regression, die die Wahrscheinlichkeit einer Stimmabgabe für die Lega oder für das Movimento mit Bezug auf die hier interessierenden unabhängigen Variablen ermittelt: Insider- oder Outsider-Status auf dem Arbeitsmarkt, Beschäftigung im Öffentlichen Sektor und vorherige Arbeitslosigkeitsepisoden – wiederum auf der Basis der European-Social-Survey-Daten. Zur politökonomischen Deutung der Unterschiede passen die deutlich unterschiedlichen Effekte einer Beschäftigung im öffentlichen Sektor: deutlich negativ für die Lega, positiv für das Movimento. Ansonsten sind es im Norden die Insider und im Süden Insider und teils Outsider (etwa: Arbeitslose), die populistisch wählen.

Abschließend soll auch noch der britische Fall näher betrachtet werden. Er steht in dem hier vorgeschlagenen Erklärungsschema für die liberale Politische Ökonomie, für die ich erwarte, dass der Streit über die Migration sich eher am Arbeitsmarkt entzündet als am Wohlfahrtsstaat. Das Land steht damit auch für das Problematisch-Werden der Globalisierung, wenn Globalisierungsverlierer kaum mit sozialstaatlichen Kompensationen rechnen können (Colantone/Stanig 2018; Hays 2009). Daher sollten in der Tendenz eher Arbeitsmarkt-Outsider als Arbeitsmarkt-Insider die Hauptträgergruppe des populistischen Protests bilden. Eine Betrachtung des britischen Falls ist jedoch nun insofern komplizierter, als im European Social Survey die rechtspopulistische United Kingdom Independence Party (Ukip) nur in der sechsten und achten Welle explizit ausgewiesen ist und wir daher nur über geringe Fallzahlen verfügen, so dass die Aussagekraft der Befunde insgesamt beschränkt bleibt. Hinzu kommt, dass ein Mehrheitswahlsystem höhere Hürden für die Wahl einer Protestpartei mit geringer Aussicht auf den Gewinn des Wahlkreismandats setzt – und tatsächlich hat Ukip zwar bei den Europawahlen 2014 die meisten Stimmen geholt, bislang aber erst zwei Sitze im House of Commons errungen, und die ergaben sich jeweils durch Nachwahlen, veranlasst vom Wechsel zweier ehemaliger Tory-Abgeordneter zu Ukip.[21] Auch das würde die geringe Fallzahl derjenigen erklären, die angeben, in der letzten Parlamentswahl für Ukip gestimmt zu haben. Es müssen daher auch andere Befunde herangezogen werden.[22] Diese sind allerdings reichhaltig.

Dabei interessiert nicht nur die Stimmabgabe für Ukip in

den Unterhauswahlen, sondern natürlich auch der Brexit im Juni 2016. Dass das Migrationsthema für die letzten Parlamentswahlen wie für das Referendum zentral war, ist unstrittig (Clark/Goodwin/Whiteley 2017, S. 132, 138, 140, 161 f.). Wie genau und warum genau es wirkte, wird allerdings kontrovers diskutiert (Colantone/Stanig 2018).

Wie wir sehen werden, ist erneut der ökonomische Abstieg das auslösende Moment, in diesem Fall jedoch bei anderen Arbeitsmarktgruppen. Großbritannien gehörte zu den Ländern, die nach der EU-Osterweiterung im Jahr 2004 ihren Arbeitsmarkt ohne Übergangsfrist für Personen aus den neuen Mitgliedstaaten öffneten. Von 1997 – dem Jahr der Wahl Tony Blairs – bis zu den Unterhauswahlen 2005 verdoppelte sich der Umfang der jährlichen Zuwanderung auf 200 000, im Zuge der Eurokrise nahm sie auf 260 000 zu – mit weiterhin steigender Tendenz (Clark/Goodwin/Whiteley 2017, S. 123 f.; Dennison/Geddes 2018, S. 1142). Die Gruppe der Eingewanderten wuchs also alle vier Jahre um nahezu eine Million Personen. Diese Entwicklung wurde im Zuge der Finanzkrise politisch immer kontroverser. Und als der britische Arbeitsmarkt sich allmählich vom starken Einbruch der Jahre 2008 ff. erholte, brach die Eurokrise aus. Dies führte zu einem erneuten Anstieg der Arbeitsmigration aus den Krisenländern. 2013 entfielen zudem Übergangsregelungen für Rumänen und Bulgaren. Im Lichte der sich 2015 krisenhaft zuspitzenden Flüchtlingsbewegungen auf dem Kontinent konnten Ukip und das Leave-Lager schließlich sehr erfolgreich mit der Behauptung mobilisieren, Großbritannien habe die Souveränität über seine Grenzen vollständig an die EU verloren: »Theresa May sagt, als EU-Mitglied sei es schwierig, Immigration zu kontrollieren. Sie irrt – es ist nicht schwierig, sondern unmöglich.« (Nigel Farage) Als Premierminister David Cameron im Vorfeld des Referendums mit der Kommission verhandelte, wollte oder konnte die EU ihm im Bereich der Personenfreizügigkeit nicht substanziell entgegenkommen. Dasselbe gilt für die aktuellen Austrittsverhandlungen. Das europapolitische Dogma vom ewigen und unverbrüchlichen Zusammenhang der vier Freiheiten (also der freien Bewegung von Gütern, Kapital, Dienstleistungen und Personen) ist dabei nicht einmal historisch sonderlich überzeugend verbürgt. In den fünfziger und sechziger Jahren hatten die Mitgliedsländer stets darauf bestanden, die Kontrolle über das tatsächliche Ausmaß der Personenfreizügigkeit zu behalten (Romero 1994) – ein Vorbehalt, der dann allerdings durch die Konstitutionalisierung der Verträge in der Rechtsprechung des Europäischen Gerichtshofs ausgehebelt wurde.

Die ökonomischen Sorgen, die die Zuwanderung insbesondere unter den Arbeitsmarkt-Outsidern auslöste, waren dabei nicht völlig substanzlos. Ökonomische Studien belegen, dass die britischen Beschäftigten im Niedriglohnsektor am stärksten von der Migration betroffen waren. Mit jedem Anstieg des Migrantenanteils unter den Beschäftigten um ein Prozent sank in Großbritannien der Lohn im untersten Lohnsegment um 0,6 Prozent (Dustmann/Frattini/Preston 2013). Weitere Folgen der hohen Zuwanderung waren verstärkte Konkurrenz auf dem Wohnungsmarkt und um öffentliche Dienstleistungen (Becker/Fetzer 2017). Überdies zeigt eine Untersuchung des Migration Advisory Committees, dass die Migration aus außereuropäischen Ländern die Beschäftigungschancen von in Großbritannien geborenen Erwerbspersonen sinken ließ, und dies insbesondere in Rezessionsphasen – also genau in den Zeiten der Finanz- und der darauffolgenden Eurokrise (Clark/Goodwin/Whiteley

2017, S. 113). Die vor allem unter niedrig qualifizierten Arbeitern verbreitete Befürchtung, Immigration wirke sich negativ auf ihre Jobchancen aus (Ford/Goodwin 2014), war insofern nicht völlig unbegründet. Dem korrespondiert, dass beim Brexit-Referendum der Anteil der Leave-Stimmen in Regionen mit »einer historischen Stärke der Industriebeschäftigung, mit niedrigen Löhnen und hoher Arbeitslosigkeit« systematisch höher ausfiel (Becker/Fetzer/Novy 2017, S. 1). Insbesondere in »sozioökonomisch schwachen Regionen« stimmten Wähler für den EU-Austritt (ebd., S. 4). In den zwei unteren Gesellschaftsklassen war der Anteil der Leave-Stimmen (mit 63 bzw. 64 Prozent) annähernd doppelt so hoch wie in der oberen Mittelklasse (35 Prozent) (Clark/Goodwin/Whiteley 2017). Wie sehr das Migrationsthema die Brexit-Entscheidung prägte, zeigte sich in Umfragen, in denen jeweils 51 Prozent der Befragten mit einem EU-Austritt die Aussicht verbanden, er werde zu weniger Migration führen, während ein Verbleib die nationale Souveränität Großbritanniens weiter erodieren lassen würde (ebd., S. 156f.). »Befragte, die der Ansicht waren, die Wiedererlangung der Kontrolle über die Migration stelle einen Vorteil des Austritts dar, stimmten mit einer höheren Wahrscheinlichkeit für Leave« (ebd., S. 163); zudem veranschlagen diejenigen, die sich wirtschaftlich zurückgesetzt fühlten, die Risiken der Leave-Entscheidung deutlich niedriger (ebd., S. 170).

Diese Befunde sehen sich in einer ganzen Reihe von Studien zum Brexit bestätigt (knapp zusammengefasst in Colantone/Stanig 2018, S. 202). Ein sinkender Beschäftigungsanteil in der Landwirtschaft, im verarbeitenden Gewerbe, im Bergbau und im Bausektor war auf regionaler Ebene mit höherer Leave-Zustimmung verbunden, das Gleiche galt für Regionen mit höherer Einkommensungleichheit oder einer höheren Armutsrate. Sowohl Ukip (in den Unterhauswahlen 2015) als auch die Leave-Kampagne schnitten besonders gut in Regionen mit geringer Beschäftigung ab sowie in Gegenden, die über die letzten zwei Jahrzehnte hinweg ein schwächeres Reallohnwachstum erlebt hatten. Auf der Individualebene zeigte sich, dass Befragte aus diesen Regionen gegenüber Zuwanderung besonders skeptisch eingestellt waren, und zwar unabhängig vom jeweiligen Ausmaß der Migration. Das mag man so deuten, dass Zuwanderer als »Sündenböcke« für eher strukturelle wirtschaftliche Probleme herhalten müssen (Colantone/Stanig 2018). Für unseren Zusammenhang von Bedeutung ist die ökonomisch bedingte Aktivierung migrationskritischer Einstellungen im Kontext einer liberalen Politischen Ökonomie bzw., anders formuliert, im Kontext von »Globalisierung ohne Kompensation der Verlierer« (ebd.) – und zwar vor allem unter »Verlierern«, die auf dem Arbeitsmarkt eine eher marginale Stellung einnehmen. Regionale Arbeitsmärkte, die von Handelsschocks getroffen werden, erholen sich nur sehr langsam, neue Beschäftigung entsteht regelmäßig nicht in ausreichendem Umfang und dann häufig im Bereich niedrig qualifizierter Dienstleistungen, und gerade in diesen Branchen entsteht durch Migranten ein hoher Konkurrenzdruck.

Im britischen Fall scheint sich die Globalisierungsverlierer-Erklärung, die auf »zurückgelassene« Regionen abstellt, also zu bestätigen. Dass sie sich nicht umstandslos auch auf die Konstellationen in den anderen Politischen Ökonomien übertragen lässt, hatten jedoch die Befunde in diesem und im vorherigen Kapitel gezeigt. Genau diese Varianz hat zu der in diesem Buch entworfenen Vergleichenden Politischen Ökonomie des Populismus motiviert.

6. Die Europäisierung des Populismus

Der Schwerpunkt der bisherigen Betrachtungen lag auf Europa. Globalisierung als Bewegung von Geld, Gütern und Personen, innereuropäisch und über die »Außengrenzen« hinweg, findet als Europäisierung eine ihrer intensivsten Ausprägungen. Die europäische Geografie des populistischen Protests lässt sich daher auch als Protest gegen Europa verstehen: als Protest gegen die Folgen, die das Aufgeben nationaler Grenzen mit sich brachte, und als Protest gegen die Folgen der Abschaffung nationaler Währungen. Der EU wird man vorwerfen können, beide Schritte, die Abschaffung des Geldes und der Grenzen, unternommen zu haben, ohne dafür die hinreichenden Voraussetzungen geschaffen zu haben. Das ist zumindest die Erkenntnis aus der Eurokrise der Jahre 2010ff. und aus der Flüchtlingskrise 2015ff. – vielleicht, weil man unter den europäischen Entscheidungseliten auf die nächste Vereinigungskrise hoffte, die die Gelegenheit zu einem weiteren Schritt auf dem Weg zur »ever closer union« dann wohl schon bieten würde? Der gemeinsame Nenner von Europas rechten wie linken Populisten ist daher ihre ausgeprägte Integrationsskepsis.

Eingebunden in den gemeinsamen Markt, gebunden an faktisch unabänderliche und zugleich konstitutionalisierte Verträge – unabänderlich nicht nur aufgrund des Einstimmigkeitsprinzips unter den Mitgliedsländern, sondern auch aus deren Angst vor dem negativen Ausgang der bei Vertragsänderungen fälligen Referenden –, verstärkt sich zudem der populistische Protest von links und rechts wechselseitig, weil die asymmetrischen Verteilungsfolgen der zentralen Integrationsschübe in beiden Krisen klar zutage getreten sind: der Süden gegen das »Austeritätsregime« des Nordens, der Norden gegen die »fiskalische Disziplinlosigkeit« des Südens, für die er finanziell in Haftung genommen zu werden fürchtet, beide gegen die Solidaritätsverweigerung des Ostens in der Flüchtlingsfrage und intern über die Dublin-Regeln, über deren Anwendung oder lange Zeit tolerierte Nicht-Anwendung oder zuletzt auch schlicht über deren einseitige Aussetzung (siehe Kapitel 3).

Die europäische Vision einer »integration through law« hat in beiden Krisen schweren Schaden genommen, weil ein komplexes, widersprüchliches, in vielerlei Hinsicht (mit Gertrud Lübbe-Wolff gesprochen) »diplomatisiertes« Europarecht, das letztlich alles und sein Gegenteil ermöglicht, also No-Bailout und Bailout, Dublin und Nicht-Dublin, nur die Freiräume des Exekutivhandelns ausgeweitet hat, ob nun multilateral oder unilateral, und sich damit in den Dienst der Kaschierung politischer Macht stellt, worauf auch immer diese im Einzelfall beruht. Das Europarecht wirkt daher mit einer seltsamen Bipolarität: einerseits als intensivste Mikrosteuerung in jeden einzelnen Verwaltungsakt oder jede einzelne Gerichtsentscheidung hinein (Schmidt 2018), andererseits als ausdeutbares und vom Europäischen Gerichtshof dann regelmäßig äußerst permissiv interpretiertes Rahmenwerk, wenn es um das Makroverhalten der Mitgliedsländer in ihrem Ad-hoc-Umgang mit jenen Krisen geht, die die Europäisierung provoziert.

Im Europaparlament (EP) addiert sich dann der populistische Protest alle fünf Jahre anlässlich der Europawahlen auf. Das führt zu einem Szenario, bei dem sich im Parlament ein integrationsfreundliches, quasi-großkoalitionäres Zentrum insbesondere aus Europäischer Volkspartei (EVP) und SPE

(Sozialdemokratische Partei Europas) mit von Wahl zu Wahl stärker werdenden EU-skeptischen Rändern konfrontiert sieht. Rechnen wir die Sitze der linken wie rechten europaskeptischen Fraktionen im EP zusammen, so kommen wir aktuell auf einen Anteil von 27 Prozent – und das berücksichtigt noch nicht einmal die elf Fidesz-Abgeordneten, die Mitglied der EVP-Fraktion sind.[1] Diese Ränder spiegeln dann den populistischen Protest in die nationale Politik zurück und verschieben dort die politischen Gewichte – wie es etwa im Fall von Ukip exemplarisch wurde. Aufgrund des Mehrheitswahlrechts fast ohne jede Repräsentation im britischen Parlament, erlangte Ukip im EP von Europawahl zu Europawahl einen höheren Sitzanteil, bis sie schließlich in der Europawahl 2014 mit 27,5 Prozent zur stärksten britischen Partei wurde. Ihre solide Verankerung auf europäischer Ebene ermöglichte es der Partei, auch bei nationalen Parlamentswahlen in einer immer größeren Zahl von Wahlkreisen mit eigenen Kandidaten anzutreten (von 30 Prozent der Wahlkreise 1997 zu 95 Prozent 2015). Und selbst wenn ihre Erfolgsaussichten, einen dieser Wahlkreise tatsächlich zu gewinnen, sehr gering blieben, verschob das doch automatisch die politische Agenda – Tory-Kandidaten, die verhindern wollten, aufgrund der Stärke von Ukip gegen Labour zu verlieren, mussten sich europaskeptischer positionieren. Wie das insgesamt endete, ist bekannt. Dieses Szenario von den Wechselwirkungen zwischen den politischen Rändern und der politischen Mitte im europäischen »Zwei-Ebenen-Spiel« weicht durchaus von gängigen Deutungen ab und soll deswegen abschließend etwas genauer geschildert werden.

Mit den ersten Direktwahlen zum Europaparlament in 1979 hatte sich oberhalb der Mitgliedstaaten eine zweite über Wahlen legitimierte Repräsentationsebene etabliert. Das hat aber für die EU nicht einfach zu »weniger Demokratiedefizit« geführt, sondern eine komplexe Dynamik zwischen europäischer und nationaler Ebene in Gang gesetzt. Lange Zeit wurde dieses Wechselspiel im Rahmen der Vorstellung einer »unvollständigen Europäisierung« interpretiert, also als ein *Noch nicht* gedeutet, als ein noch nationalstaatlich geprägter Zustand, den es durch weitere Integrationsschritte zu überwinden gälte. Im Rahmen dieser Deutung waren die Europawahlen noch keine wirklich europäischen Wahlen, sondern in Wahrheit weiterhin wesentlich nationale und zugleich »nachrangige« Protestwahlen (»second order elections«) – nachrangig, weil Wähler in ihnen regelmäßig vor allem eine Gelegenheit zur Abstimmung über die nationale Politik sähen.[2] Diese Gelegenheit würden sie deswegen gern als Anlass eines rein innenpolitisch motivierten Protests nutzen, weil diese Wahlen eben nicht der Auswahl des politischen Personals dienten, das für die kommenden vier Jahre national politische Verantwortung zu tragen habe – insofern sei also für den Wähler der Protest bei Europawahlen billiger zu haben als bei nationalen Parlamentswahlen. Mobilisiert werde daher auch bei Europawahlen weiterhin vornehmlich auf nationaler Ebene, durch nationale Parteien, mit nationalen Themen – und profitieren würden regelmäßig die Parteien, die gerade nicht in der Regierungsverantwortung stünden, und zwar *weil* sie nicht in der Regierungsverantwortung stünden. Insofern wurde aus dieser Perspektive auch das gute Abschneiden von Protestparteien des linken und rechten Spektrums in den Europawahlen allein als Nebeneffekt nationaler Politik- bzw. Protestdynamiken interpretiert und schien ohne eigenen Europabezug.

Aufgrund dieser angeblich weiterhin dominant nationalen Handlungslogiken in den Wahlen zum europäischen Parlament wurde dieses zwangsläufig als nur eingeschränkt, als eben nicht durch wahrhaft europäische Wahlen legitimiert wahrgenommen. Der Vorherrschaft der Mitgliedsländer, ihren intergouvernementalen Entscheidungsprozessen im Ministerrat und der ihm nachgeordneten Komitologie schienen somit das Europäische Parlament und die Kommission zu wenig eigenlegitimiertes Gewicht entgegenstellen zu können. Folgte man dieser Lesart, erklärten sich die europapolitischen Konflikte aus dem Aufeinanderprallen nationalstaatlicher Egoismen, verkörpert durch die Mitgliedstaaten, nur unzureichend moderiert und abgeschwächt durch supranational orientierte Akteure auf europäischer Ebene.

Diese Problemwahrnehmung lag der konsequenterweise vorgeschlagenen und auch in mehrfacher Hinsicht befolgten Remedur zugrunde. Der diagnostizierten nationalen Exekutivdominanz wollte man mit der stetigen Ausweitung der Einwirkungsrechte von EU-Parlament und Kommission begegnen. Mit der Stärkung parlamentarischer Mitwirkung, der Synchronisierung von Kommissionsinvestitur und Europawahl, eventuell der europaweiten Direktwahl des Kommissionspräsidenten, auf die die Figur eines Spitzenkandidaten schon mal einen Vorgeschmack bieten sollte, wollte man der wachsenden Europaverdrossenheit entgegenwirken und das supranationale Gegengewicht zu den angeblich in nationalen Egoismen verfangenen Mitgliedsländern stärken. Und würde das EU-Parlament erst einmal zu einem machtvollen Akteur, so lautete die Erwartung, würden schließlich auch die Wähler ihrerseits die Europawahlen als wahrhaft europäische Abstimmung und nicht mehr nur als nationales Protestventil nutzen.

Diese gängige Interpretation der europapolitischen Konstellation ändert sich aber erheblich, wie in einer Kippfigur, wenn wir die Annahme aufgeben, dass das gute Abschneiden der politischen Extreme in den Europawahlen allein aus den jeweiligen heimischen Protestdynamiken in den Mitgliedsländern zu erklären sei, und stattdessen davon ausgehen, dass sich darin zunehmend auch ein genuin gegen die Europäisierung und ihre Konsequenzen selbst gerichteter Protest artikuliert (Hobolt/Spoon/Tilley 2008; Manow 2005). Dies ist schon allein deswegen plausibel, weil sich angesichts der erheblich gestiegenen Bedeutung der Europäischen Union für jeglichen Lebensbereich eine Trennung nach Innen- und Europapolitik, und damit auch eine Trennung nach rein innen- oder europapolitischen Wahlentscheidungen, kaum mehr sinnvoll vornehmen lässt.

Aus dieser Sicht wird nun jedoch eine andere Rechnung aufgemacht – unter anderem mit dem Hinweis, die Lesart, die Regierungen der Mitgliedsländer seien als im Regelfall starre Verteidiger nationalstaatlicher Prärogative zu sehen, könne wenig Plausibilität für sich beanspruchen. Ganz im Gegenteil: Aufgrund der Gesetzmäßigkeiten nationaler Regierungsbildung sind diese Exekutiven üblicherweise deutlich integrationsfreundlicher als ihre Bürger, die sie doch repräsentieren sollten. Das ist nicht nur eine Konsequenz jener seit Langem bestehenden stabilen Diskrepanz in den europapolitischen Präferenzen zwischen integrationsfreundlichen Eliten und integrationsskeptisch eingestellter Bevölkerung (Aspinwall 2002), sondern liegt selbst in den Mechanismen der Aggregation politischer Präferenzen in repräsentativen Demokratien begründet.

Wie verhindert die Logik der Regierungsbildung in den EU-Mitgliedsländern, dass eine in der Bevölkerung stärker ausgebildete Europaskepsis auf dieser Ebene substanziell vertreten ist?[3] Da in der übergroßen Mehrzahl der Mitgliedsländer bei nationalen Parlamentswahlen nach Verhältniswahl abgestimmt wird und da die Verhältniswahl Mehrparteiensysteme produziert, sind in den Ländern der EU eigentlich ausnahmslos Koalitionsregierungen (oder tolerierte Minderheitsregierungen) im Amt. Die Bildung von Koalitionen unterliegt jedoch bestimmten Gesetzmäßigkeiten, von denen eine lautet, dass zentristische Parteien, also Parteien, die mittig im politischen Raum positioniert sind, mit deutlich größerer Wahrscheinlichkeit an Regierungen beteiligt sind (oder als Minderheitsregierung toleriert werden) als stärker links oder rechts positionierte. Pro- bzw. antieuropäische Positionen sind aber über das politische Spektrum ganz ungleich verteilt, mit deutlich größerem Integrationsenthusiasmus in der politischen Mitte und deutlich mehr Skepsis an den Rändern. Damit führen die Prozesse der Koalitionsbildung jedoch zu einem ausgesprochenen Pro-Integrationsbias der Mitgliedsregierungen. Sie sind, ich habe es gesagt, im Durchschnitt deutlich EU-freundlicher als ihre Bevölkerungen. Das heißt: Die Europäische Union kann sich zwar darauf berufen, dass sie neben der *direkten* demokratischen Legitimation durch Europawahlen auch *indirekt* über die nationalen Exekutiven demokratisch legitimiert ist, aber gerade in der europapolitischen Dimension sind die Präferenzen ihrer Wähler durch diese Regierungen systematisch verzerrt repräsentiert, nämlich mit einem Pro-Integrationsbias versehen.[4]

Vor diesem Hintergrund ergibt sich nun ein von gängigen Lesarten ganz verschiedenes Bild: Trifft die These vom Pro-Integrationsbias der Regierungen der EU-Mitgliedsländer zu, kann Protest in Europawahlen (wie auch in den Europareferenden) als zunehmend europäisch und nicht allein heimisch motiviert verstanden werden. In dieser Sicht wäre nicht der direkte Legitimationsstrang in der EU problematisch (»unechte Europawahlen«), sondern eher der indirekte, und der Protest im ersten Strang würde auf die Defizite des zweiten reagieren.

An dieser Stelle würde sich dann der Kreis schließen. Der linke südeuropäische und der rechte nordeuropäische Protest gegen die Globalisierung als freie Bewegung von Gütern und Geld einerseits sowie von Personen andererseits richtet sich schließlich gegen ein Europa, das in den letzten drei Dekaden jene Bewegungen enorm intensiviert hat. Die politische Unterstützung für dieses Projekt scheint rapide zu schwinden, ohne dass bislang klar wäre, wie ein weitgehend verselbstständigtes Integrationsregelwerk und ein abnehmender politischer Konsens dafür in Zukunft wieder stärker in Übereinstimmung zu bringen wären.[5]

Anmerkungen

Anmerkungen zum Vorwort

1 Möglicherweise gehören auch noch z. B. Shinzō Abe, Benjamin Netanjahu, die argentinischen Kirchners und, als frühes Beispiel, Silvio Berlusconi und seine Forza Italia auf die Liste (siehe Anm. 1, Kapitel 3).

2 Mudde und Kaltwasser schreiben dazu beispielsweise: »Trotz der lebhaften Debatte über Populismus, gibt es überraschend wenige etablierte Theorien über den Erfolg (und den Misserfolg) populistischer Kräfte« (Mudde/Kaltwasser 2017, S. 97).

3 Wie wir sehen werden (siehe Kapitel 6), kann »Globalisierung« hier in vielerlei Hinsicht synonym mit »Europäisierung« verstanden werden, hat die europäische Integration doch zu einer unvergleichlich intensiven Bewegung von Gütern und von Personen geführt (Kriesi et al. 2012).

4 Zu unterscheiden wäre hier wohl zumindest zwischen einerseits einer *neoliberalen Episode*, insbesondere der achtziger und neunziger Jahre, mit deutlichem Abbau von Handelsbarrieren, Kapitalkontrollen, umfangreicher Deregulierung und Privatisierung, und andererseits der je unterschiedlichen Reaktionen verschiedener Politischer Ökonomien hierauf. Etwa das schwedische oder deutsche Wirtschaftsmodell als neoliberal zu bezeichnen ist wohl nur möglich bei völliger Entleerung des Konzepts und Aufgabe jeder differenzierenden Betrachtung. Dann könnte man auch gleich Kapitalismus sagen.

5 Vgl. dazu etwa Inglehart/Norris 2016; Merkel 2017.

6 In der German Longitudinal Election Study (GLES) wird die Zustimmung zu der Aussage: »Zuzugsmöglichkeiten für Ausländer sollten erleichtert (1)/eingeschränkt (10) werden« zur Messung der Position der Befragten auf der »libertär-autoritären Dimension« genutzt, d. h., es wird schon auf der Ebene der Messung die Migration allein der soziokulturellen Dimension zugewiesen. Das ist bemerkenswert – und erscheint mir problematisch.

7 Siehe dazu im Einzelnen Goodhart 2017; Kriesi et al. 2006; Kriesi et al. 2012; Merkel 2017; Zürn/de Wilde 2016.

8 Die Kulturalisierungsdiagnose ist deswegen oft vorschnell: »Wenn

der zugrundeliegende Schock ökonomisch ist, können seine politischen Manifestationen kulturell und nativistisch sein. Was wie eine rassistische oder xenophobe Abwehr aussehen mag, kann ihre Wurzeln in wirtschaftlichen Ängsten oder Verwerfungen haben« (Rodrik 2018, S. 26). Durchaus vereinbar mit dem Verweis auf ökonomische Ursachen ist der Befund, dass die rechtspopulistischen Parteien primär kulturell *mobilisieren*, nämlich »entlang der Identitätsdimension und eher nicht entlang der sozioökonomischen Dimension elektoraler Politik« (Röth/Afonso/Spies 2017; Rovny 2013).

9 Es gibt eine relativ ausführliche Literatur zum Zusammenhang zwischen Verdrängungsprozessen auf dem Arbeitsmarkt, Migration und migrationsfeindlichen Einstellungen (Ennser-Jedenastik 2018; Helgason/Merola 2017; Polavieja 2016; Stockemer 2016, 2017; Talving 2017; Vlandas/Halikiopoulou im Erscheinen).

10 Vgl. in Bezug auf Trump-country als besonders erhellenden Beitrag (Wong 2016).

11 Das führt etwa dazu, dass die Literatur den Erfolg rechtspopulistischer Parteien als abhängig von »nationalen Institutionen« (z. B. Wahlregeln), von Strategien und Koalitionsmustern etablierter Parteien, von der ideologischen Ausrichtung der rechtspopulistischen Parteien selbst, ihrer Organisation und vom Charisma ihrer Parteiführer ansieht (Kriesi et al. 2006, S. 929), Unterschiede in der Politischen Ökonomie dabei aber praktisch unerwähnt bleiben.

12 Methodisch leidet die Literatur m. E. an einer Neigung zum *sampling on the dependent variable*, also daran, dass sie beispielsweise das rechtspopulistische Phänomen allein durch die Betrachtung rechtspopulistischer Parteien und Wähler zu erklären versucht (Akkerman/de Lange/Roodujn 2016; Decker/Henningsen 2015; Mudde 2007; Pirro 2016) und Linkspopulismus entsprechend allein durch die Betrachtung linkspopulistischer Parteien (March 2011; Ramiro 2016; Visser et al. 2014). Das hatte sicherlich lange damit zu tun, dass der Rechtspopulismus ein seit Jahrzehnten bekanntes, der Linkspopulismus hingegen ein eher neues Phänomen ist. Umso dringlicher wäre es dann aber jetzt, die Frage nach den Gründen für die offensichtliche geografische Varianz zu stellen (Roodujn 2017).

13 Welche methodischen Probleme ein solches Vorgehen auf Individualdatenbasis aufwirft, wenn man keine Idee von einer möglichen kontextspezifischen Verursachung hat, wird in Kapitel 3, 4 und 5 näher diskutiert.

14 Benannt nach dem ersten Satz aus Lew Tolstojs *Anna Karenina*: »Al-

le glücklichen Familien gleichen einander, jede unglückliche Familie ist auf ihre eigene Weise unglücklich«. Zur Verwendung des Konzepts in den Sozialwissenschaften siehe Diamond 1999.

15 »Weder die ›Spielarten des Kapitalismus‹-Literatur noch gängige Wohlfahrtsstaatstypologien haben bislang die Implikationen ihrer Modelle für die Antworten von Firmen oder Staaten auf die internationale Migration systematisch in Betracht gezogen« (Freeman/Kessler 2008, zitiert nach Boräng 2018, S. 5). Das ist im Wesentlichen bis heute so gültig – das Buch von Frida Boräng selbst ist jedoch ein erster Versuch, das zu ändern; vgl. auch Afonso/Devitt 2016; Römer 2017; Sainsbury 2006; Schmitt/Teney 2016.

Anmerkungen zu Kapitel 2

1 Hier Zitate nach der englischen Ausgabe, da ich die entsprechenden Stellen in der deutschen Ausgabe nicht finden konnte.

2 Per Leo, Maximilian Steinbeis und Daniel-Pascal Zorn gehen damit ganz konform, wenn sie schreiben, dass sie als »›rechts‹ nicht in erster Linie bestimmte Inhalte bezeichnen [wollen], sondern eine Praxis, eine Art zu reden« (Leo/Steinbeis/Zorn 2017, S. 28).

3 Vgl. hierzu Bornschier/Kriesi 2015; Oesch 2008; Rydgren 2015.

4 Man liest solche Passagen – etwa über die »›befreienden Effekte‹ höherer Bildung« – mit einiger Fassungslosigkeit und fragt sich, ob es sich hier um spezifisch postmoderne Formen der Ironie handelt, wenn Kritik an Engstirnigkeit im Modus der Engstirnigkeit vorgetragen wird.

5 Oder, ganz übereinstimmend: »Der langfristige Aufstieg des Populismus [...] wurde nicht in erster Linie von wirtschaftlichen, sondern von kulturellen Motiven angetrieben« (Kriesi/Pappas 2015, S. 3); vgl. auch Bornschier 2010; Knigge 1998; Lubbers/Gijsberts/Scheepers 2002 oder den Literaturüberblick bei Hainmueller/Hopkins 2014.

6 Die kulturalistische Deutung zieht ihre Attraktivität nicht zuletzt aus dem Umstand, dass sie sich immer sofort selbst bestätigt. Doch das – so meine These – ist eben das Selbstmissverständnis der Gegenwart, in der die neue Konfliktlinie angeblich zwischen Diversität und Kulturessentialismus aufgespannt sei (so Reckwitz 2017), ohne dass die (ökonomischen) Faktoren systematisch berücksichtigt werden, die dieser Konfliktlinie mal mehr, mal weniger Plausibilität und Intensität verleihen.

7 Aber hier besteht die Gefahr eines gängigen (Fehl-)Schlusses vom sozioökonomischen Nicht-Befund auf die Erklärungskraft soziokultureller Faktoren (Inglehart/Norris 2016). Dieser (Fehl-)Schluss findet sich wohl auch in Schwander/Manow 2017a.

8 »[G]erade kosmopolitisch gesinnte Gruppen [reklamieren] einen moralischen, sogar universellen Alleinvertretungsanspruch und sprechen Gegnern jegliche Legitimität ab« (Jann 2017, S. 289).

9 »Die dünnen zentralen Aussagen der Populisten haben oft ein substanzielles Komplement, sprechen also spezifische Missstände für bestimmte Gesellschaftsgruppen an, die dann im populistischen Diskurs fürs Ganze genommen werden.« (Kriesi 2014, S. 369) Um die Identifizierung dieser »Missstände« müsste es dann eigentlich gehen.

10 Der »Spielarten des Kapitalismus«-Ansatz (Hall/Soskice 2001) unterscheidet zunächst ganz grob zwischen koordinierten Marktwirtschaften und liberalen nichtkoordinierten. Dahinter stehen als polare Fälle auf der einen Seite die angelsächsischen Marktwirtschaften mit wenig Einschränkungen des Marktmechanismus, geringer Umverteilung, liberalisierten Arbeitsmärkten, schwachen Gewerkschaften und unkoordinierten Lohnverhandlungen sowie mit einer starken Rolle der Börsen für die Unternehmensfinanzierung etc. und auf der anderen Länder mit hoch regulierten Arbeitsmärkten, umfangreichen Wohlfahrtsstaaten, relativ starken Gewerkschaften, Lohnkoordinierung, »geduldigem Kapital« (etwa in Form von Hausbanken oder wechselseitigem Aktienbesitz), mit einem höheren Ausbildungsstand der Beschäftigten usw. usf. Dem hier entwickelten Argument liegt eine weitere Differenzierung nach verschiedenen Modellen koordinierter Marktwirtschaft zugrunde. Diese Unterschiede werden zurückgeführt auf langfristige Muster politischer Koalitionsbildungen (die wiederum als das Ergebnis von Unterschieden in den Parteiensystemen dieser Länder und damit in langfristigen Koalitionsbildungen zwischen bestimmten Parteien erklärt werden). Detaillierter entwickelt wird das Argument insbesondere in Manow/Palier/Schwander 2018.

Anmerkungen zu Kapitel 3

1 Die ideologische Positionierung des Movimento ist nicht unumstritten – ein möglicher Versuch zur Eingruppierung basiert auf der Untersuchung des Abstimmungsverhaltens seiner Europaabgeordneten.

Dieses ist dem linken politischen Spektrum zuzuordnen (Franzosi et al. 2015). Auch auf Basis der Daten des Chapel Hill Expert Survey, das Länderexperten nach einer ideologischen Verortung von Parteien befragt, ist das eine recht eindeutige Klassifikation (Polk/Rovny 2018). Rodrik (2018) wiederum scheint das Movimento als »right wing« zu klassifizieren (2018, S. 32, Tabelle 3) und verweist dabei auf Kriesi/Pappas 2015. Dort heißt es jedoch völlig eindeutig: »Das M5S ist jedoch kein Beispiel für Rechtspopulismus« (Bobba/McDonnell 2015, S. 169; vgl. Taggard 2017, S. 252: »[F]ür das Movimento Cinque Stelle in Italien [...] ist Einwanderungspolitik kein besonders wichtiges Thema.«). Für Rodriks Klassifizierung spricht hingegen der Umstand, dass das Movimento im Europaparlament eine Fraktionsgemeinschaft mit Ukip bildet – plus einiger anderer Rechtspopulisten, so auch der AfD. Die Fraktionsgemeinschaft mit den Rechtspopulisten wurde jedoch in einer Online-Abstimmung von 80 Prozent der Movimento-Anhänger abgelehnt. 2017 scheiterte ein Versuch, der liberalen Fraktion (ALDE) beizutreten, am Widerstand einer Mehrheit der ALDE-Fraktionsmitglieder. Die Fraktionsmitgliedschaft der Movimento-Abgeordneten im Europaparlament scheint eher mit strategischen als inhaltlich-ideologischen Motiven erklärt werden zu können. Wenn man die linke Positionierung des Movimento anerkennt (und eben Jean-Luc Mélenchon und den portugiesischen Bloco de Esquerda nicht vergisst), erübrigt sich Rodriks These von den »linkspopulistischen Ausnahmen« (Griechenland und Spanien) von der »rechtspopulistischen Regel« in Europa. Inwieweit Forza Italia als populistisch gelten kann, ist eine weitere Frage, die sich in diesem Zusammenhang stellt. Erneut wäre hier darauf zu verweisen, dass »das Fehlen einer stark akzentuierten nativistischen, sich gegen Immigration richtenden Haltung bedeutet, dass wir es hier sicherlich nicht mit einer radikalen rechtspopulistischen Partei zu tun haben« (Bobba/McDonnell 2015, S. 161). Bobba und McDonnell klassifizieren Forza Italia und die Nachfolgepartei Il Popolo della Libertà als liberal-populistisch und die Lega als ethno-regionalistisch.

2 Diese Positionierung im politischen Raum – üblicherweise von 0 (extrem links) bis 10 (extrem rechts) – kann man auf verschiedene Weisen gewinnen, entweder durch Auswertung von Wahlprogrammen oder durch Expertensurveys, also indem man Länder- bzw. Parteiexperten, im Regelfall Politikwissenschaftler, bittet, die Parteien eines Landes auf einer solchen Skala zu positionieren. Aus den zahlreichen Antworten generiert man dann einen Durchschnittswert. Die hier

verwendete Datenquelle ist www.parlgov.org. Dort sind die entsprechenden Verfahren umfänglich dokumentiert.

3 Was wiederum im Zusammenhang stehen könnte mit der wahlregelbedingten Benachteiligung des FN in nationalen Parlamentswahlen. Das könnte ein »Überschießen« in den Europawahlen zum Teil erklären (Kedar 2005).

4 Die jeweils berücksichtigten Parteien sind die Schwedendemokraten, die (Wahren) Finnen, die dänische Volkspartei, die AfD, die PVV, die FPÖ, Ukip, Front National und Front de gauche bzw. La France insoumise, Podemos, Bloco de Esquerda und Coligação Democrático Unitária (CDU), Movimento Cinque Stelle und Lega Nord sowie Syriza, Anel und Goldene Morgenröte. In dem ein oder anderen Fall mag es Abgrenzungsfragen geben: So ist die Goldene Morgenröte vielleicht einfach nur neofaschistisch, so wie es ja rechtsextreme Splitterparteien auch in Italien schon seit Langem gibt (etwa das Movimento Sociale-Fiamma Tricolore). Man könnte auch Die Linke mit guten Gründen als linkspopulistisch eingruppieren. Das Gesamtbild würden solche alternativen Klassifizierungen aber nur unwesentlich ändern.

5 In der ersten Runde der französischen Parlamentswahl vom 11. Juni 2017 erreichte La France insoumise 11 und der Front National 13,2 % – am generellen Bild ändert sich also kaum etwas. Frankreich scheint sogar etwas deutlicher an das südliche Muster zu rücken.

6 Daher ist die pauschale Behauptung, den rechtspopulistischen Wählern gehe es generell um »kulturelle Abschottung und wirtschaftsprotektionistische Tendenzen«, darum, »zu den gesellschaftspolitischen Rahmenbedingungen geschlossener Nationalstaaten zurück[zu]kehren« (Koppetsch 2017, S. 212 f.), unzutreffend.

7 Internationale Dollar nach Kaufkraftparitäten. Dass der von dem Linkspopulisten Maduro zu verantwortende Zusammenbruch der venezolanischen Wirtschaft eine Fluchtbewegung auslöst, die dann u. a. in den nördlichen Provinzen Brasiliens die Unterstützung für den rechtspopulistischen Präsidentschaftskandidaten Bolsonaro erhöht, ist kein Gegenbeispiel, sondern eine Fußnote zu diesem Argument. Dass insgesamt das Wechselspiel zwischen rechtspopulistischen (Menem, Fujimori, de Mello) und linkspopulistischen Präsidenten (Chavéz/Maduro, Morales, Ortega) in Lateinamerika etwas komplizierter ist als bei Rodrik dargestellt, zeigt Weyland (2013).

8 In Griechenland spielte das orthodoxe Christentum eine dem Katholizismus Italiens, Portugals und Spaniens vergleichbare Rolle. Nach

dem Bürgerkrieg (1946-1949) blieb die kommunistische Partei verboten; das Verbot wurde erst nach dem Ende des Obristenregimes (1967-1974) aufgehoben.

9 Die Positionen der Parteien auf der Links/rechts-Skala, multipliziert mit ihrem Stimmenanteil in der Europawahl von 2014, konsolidiert zwischen rechts- und linkspopulistischen Parteien für die Länder, in denen es beide gibt (Italien, Frankreich, Griechenland), korrelieren stark negativ (mit -0,7) mit dem Klientelismus-Index des Democratic Accountability and Linkages Projects (vgl. Döring/Manow 2018; Kitschelt 2013). Mit anderen Worten: je rechtspopulistischer, desto weniger klientelistisch, oder: je klientelistischer, desto linkspopulistischer.

10 Siehe hierzu ausführlich Hall 2012, 2014; Höpner/Lutter 2016; Johnston/Hancké/Pant 2014; Scharpf 2011, 2014, 2015, 2017.

11 Zumal die Aufnahme und Versorgung von Flüchtlingen in Griechenland bekanntermaßen völlig unzureichend war, so dass der Europäische Gerichtshof für Menschenrechte 2011 die Rücküberstellung von Flüchtlingen sogar als Verstoß gegen die Europäische Menschenrechtskonvention wertete (siehe Luft 2017, S. 74f.).

12 In der bislang besten, präzisesten Rekonstruktion des Geschehens ist der Zusammenhang mit der Eurokrise nicht systematisch entwickelt (Alexander 2017), vermutlich weil der Autor die Flüchtlingskrise aus der Flüchtlingskrise erklärt – es finden sich jedoch viele Hinweise auf diesen zentralen Handlungskontext (ebd., S. 92, S. 147, S. 185f., S. 205, S. 229f.).

13 Das Junktim zwischen Flüchtlings- und Eurokrise war ja zu Beginn des Jahres 2015 von griechischer Seite selbst hergestellt worden, als der Verteidigungsminister Panos Kammenos (Anel) den Geldgebern, darunter insbesondere Deutschland, damit drohte, man werde allen Flüchtlingen, darunter auch mutmaßlichen islamistischen Terroristen des IS, Reisepapiere »nach Berlin« ausstellen, wenn Griechenland in der Eurokrise weiter »misshandelt« würde (siehe FAZ 2015).

14 Abgesehen eben von der illegalen Migration in die Vereinigten Staaten, die aber nicht erst die Trump-Administration bekämpft. Unter Obama wurden allein in den Jahren 2009 bis 2015 2,5 Millionen illegale Migranten abgeschoben. Obama verwies damit mehr Migranten des Landes als irgendein Präsident vor ihm.

15 Hierzu detaillierter Beramendi et al. 2015b; Esping-Andersen 1990; Manow/Palier/Schwander 2018.

16 Insgesamt kann sich diese Einschätzung des südeuropäischen Musters von dem jüngst vorgelegten Befund bestätigt sehen, dass »eine

individuell nachteilige wirtschaftliche Lage sich nur dann in die Wahl einer linken Partei übersetzt, wenn das Niveau der Immigration niedrig ist«; oder: »Diejenigen, die in ökonomischen Schwierigkeiten stecken, haben generell eine höhere Wahrscheinlichkeit, für eine rechtspopulistische Partei zu stimmen, unabhängig vom Ausmaß der Immigration, aber stimmen nur dann für eine linke Partei, wenn dieses Ausmaß niedrig ist« (Roodujn/Burgoon 2017, S. 3, 22f. und Abbildung 3).

17 Zu diesem ökonomischen Zusammenhang siehe Iversen/Soskice 2010; zum Zusammenhang zwischen Exportorientierung und Lohnkoordinierung siehe die Forschungen von Torben Iversen und Peter Swenson.

Anmerkungen zu Kapitel 4

1 Dieses Kapitel basiert auf gemeinsamer Forschung mit Hanna Schwander.

2 Ein anderer Forschungsstrang beschäftigt sich nicht mit der Nachfrage, sondern dem Angebot, und untersucht folglich die neuen populistischen Parteien, ihre ideologische Ausrichtung, ihre Herkunft und Organisation (vgl. etwa Kriesi et al. 2008). In diesem Zusammenhang geraten dann weitere Makro-Variablen in den Fokus: die Höhe der Arbeitslosigkeit (Arzheimer 2009; Golder 2003a; Jackman/Volpert 1996), das Ausmaß wohlfahrtsstaatlicher Absicherung gegen die Risiken ökonomischer Globalisierung (Swank/Betz 2003), institutionelle Parameter wie Wahlregeln, etwa Wahlhürden (Carter 2004; Golder 2003b), oder die Antworten, die etablierte Parteien auf die neuen Herausforderer von links und rechts gegeben haben (Bale 2003; Bornschier 2012; Meguid 2005). Diese Faktoren gehen allerdings hauptsächlich als *institutionelle Rahmenbedingungen* des Aufstiegs des Populismus in die vergleichende Betrachtung ein, ohne dass die Literatur bislang ein vergleichendes Tableau *unterschiedlicher Problemursachen* entwickelt hätte.

3 Siehe hierzu insbesondere Bornschier 2010; Bornschier/Kriesi 2015; Kriesi et al. 2008; Kriesi 2014; Merkel 2017; Oesch 2008, 2015b; Zürn/de Wilde 2016.

4 Nicht immer lassen sich die Erklärungsvarianten trennscharf voneinander abgrenzen. So gibt es für Kriesi et al. ökonomische *und* kulturelle *und* politische Globalisierungsverlierer: »Wir gehen davon aus,

dass Prozesse eines zunehmenden ökonomischen Wettbewerbs (sektoral wie international), Prozesse eines zunehmenden kulturellen Wettbewerbs (u.a. ausgelöst durch massive Immigration ethnischer Gruppen, die deutlich verschieden von den europäischen Bevölkerungen sind), und schließlich eines zunehmenden politischen Wettbewerbs (zwischen Nationalstaaten und supra- oder internationalen politischen Akteuren) neue Verlierer- und Gewinnergruppen kreieren. Die wahrscheinlichen Gewinner sind Unternehmer und qualifizierte Beschäftigte in Sektoren mit Außenhandelskonkurrenz wie auch kosmopolitische Bürger. Die wahrscheinlichen Verlierer sind im Gegensatz dazu Unternehmer und qualifizierte Beschäftigte in bislang geschützten Sektoren, ungelernte Arbeiter sowie Bürger, die sich stark mit ihrer jeweiligen nationalen Gemeinschaft identifizieren« (Kriesi et al. 2006, S. 922).

5 Siehe hierzu die einschlägige Forschung: Franklin 2004; Mahler 2008; Mahler/Jesuit/Paradowski 2014; Schäfer 2015; Schäfer/Schwander/Manow 2016.

6 Vgl. zur zunehmenden Proletarisierung der rechtspopulistischen Parteien, und damit auch zur schwindenden Bedeutung eines kleinbürgerlichen Unterstützungsmilieus, die Literaturübersicht in Bornschier 2018.

7 »Zu oft wird Kultur nur als Residualkategorie verstanden, die für irgendwelche nicht-ökonomischen Eigenschaften von Migranten steht. Für sich allein sagt die Behauptung ›culture matters‹ weniger aus, als es zunächst den Anschein hat« (Hainmüller/Hopkins 2014).

8 Siehe u.a. Arzheimer 2015; Berbuir/Lewandowsky/Siri 2015; de Vries/Hoffmann 2016; Frank 2015; Franz/Fratzscher/Kritikos 2018; Grimm 2015; Lengfeld 2017a; Lengfeld/ Dilger 2018; Lewandowsky 2015; Schmitt-Beck 2014, 2017; Vehrmann/ Wegschaider 2017.

9 Vgl. die heftige politische wie methodische Kritik, die die Studie von Michelsen et al. (2017) ausgelöst hat.

10 Warum nutze ich nicht die Individualdaten des Sozio-oekonomischen Panels (SOEP), das tatsächlich sehr detaillierte sozioökonomische Informationen erhebt? Hauptsächlich aus zwei Gründen: Einerseits steht die Repräsentativität des SOEP infrage. Gerade Menschen am Rand der Gesellschaft nehmen systematisch weniger wahrscheinlich an recht umfangreichen und jährlich zu wiederholenden Panelstudien teil. Genau die Gruppe, die hier besonders interessiert, ist also vermutlich nicht angemessen repräsentiert (Caballero 2005; Selb/Munzert 2013; Tourangeau/Groves/Redline 2010). Zweitens beste-

hen Zweifel in Bezug auf die Verlässlichkeit von Angaben zum politischen Verhalten: Wahlbeteiligung ist generell überberichtet, die Wahlentscheidung für extreme Parteien systematisch unterberichtet.

11 Ich danke Herrn Jakob Bauer von der Bundesagentur für Arbeit für die freundliche Unterstützung.

12 Nach dem maximal sechsmonatigen Aufenthalt in einer Aufnahmeeinrichtung (§ 47 Asylgesetz) sind gemäß § 3, Abs. 2, Satz 1 Asylbewerberleistungsgesetz (AsylbLG) im Regelfall Geldleistungen zur Selbstversorgung zu gewähren. Die Beträge nach § 3, Abs. 2 AsylbLG decken dann die zuvor als Sachleistung erbrachten Bedarfe. Die Leistungssätze nach § 3, Abs. 1 u. 2 AsylbLG werden addiert, sie entsprechen dann nahezu den Regelsätzen des Arbeitslosengeldes II.

13 Dann wäre der Befund, dass unter den AfD-Wählern deutlich mehr Männer als Frauen zu finden sind, zumindest in Teilen das Resultat ihrer stärkeren Einbindung in das klassische industrielle Modell Deutschlands.

14 Hier 90 Prozent, will sagen: Mit einer Irrtumswahrscheinlichkeit von unter 10 Prozent besteht ein Zusammenhang, *wenn* die Konfidenzintervalle die Null *nicht* einschließen.

15 Die Ergebnisse sind dabei ganz direkt zu interpretieren: Mit jedem Prozent des Anteils der geringfügig entlohnt Beschäftigten sinkt der Stimmenanteil der AfD um etwa 0,2 % (siehe Tabelle 4.1 unten).

16 Im September 2017 gab es in Deutschland 2,5 Millionen Arbeitslose, was einer Arbeitslosenquote von 5,5 % entsprach (nach ILO-Definition: Erwerbslosenquote von 3,6 % mit 1,6 Millionen Erwerbslosen).

17 Das Jahr 2000 wurde hier schlicht aus Gründen der Datenverfügbarkeit gewählt – Arbeitslosigkeitsdaten aus den neunziger Jahren waren auf Gemeindeebene leider nicht verfügbar.

18 Die Variablen auf der Kreisebene wurden der INKAR-Datenbasis entnommen (Indikatoren und Karten zur Raumforschung [Raumforschung 2016)]) und mit den AfD-Wahlergebnissen verbunden.

19 Vgl. dazu die online verfügbaren Daten unter: {http://www.dgb.de/themen/++co++1aca2e9e-a209-11e7-99c0-525400e5a74a} (Stand August 2018).

20 Die entsprechenden Daten der Forschungsgruppe Wahlen sind online verfügbar unter: {https://wahltool.zdf.de/wahlergebnisse/2017-09-24-BT-DE.html?i=20} (Stand August 2018). 44 % der Befragten nannten dieses Thema als wichtigstes Problem, Rente (24 %) und soziale Gerechtigkeit (16 %) folgten mit deutlichem Abstand an zweiter und dritter Stelle.

21 »Abwärtsmobile Flugbahnen«, die für den rechtspopulistischen Protest verantwortlich gemacht werden (Koppetsch 2017), fallen, könnte man kalauern, ja nicht vom Himmel, sondern lassen sich politisch zurechnen.

22 Variablen (Variable vn22s und vn23s): »Sie werden jetzt nach den zwei wichtigsten politischen Problemen gefragt. Was ist Ihrer Meinung nach gegenwärtig das wichtigste politische Problem in Deutschland? Bitte nennen Sie zunächst nur das allerwichtigste Problem. Und was ist Ihrer Meinung nach gegenwärtig das zweitwichtigste politische Problem in Deutschland?« (Siehe Roßteutscher et al. 2018)

Anmerkungen zu Kapitel 5

1 Wie sich zeigen wird, ist das nicht der Fall – und damit bestätigt sich auch in meiner Untersuchung der kürzlich formulierte Befund: »Die Wählerschaften unterschiedlicher Populismusvarianten haben wenig gemeinsam. ›Den‹ populistischen Wähler gibt es nicht« (Roodujn 2017, S. 3). Über diesen rein negativen Befund hinaus lassen sich hingegen durchaus verschiedene Elektorate des Populismus identifizieren.

2 Eine vollständige historisch-genetische Herleitung der vier Politischen Ökonomien ist hier nicht möglich. Ich verweise auf Manow 2009; Manow/Kersbergen 2009; Manow 2015; Manow/Palier/Schwander 2018.

3 Auch Griechenland fügt sich in dieses Muster.

4 Und Überlebsel eines ultra-orthodoxen Rechtskatholizismus, der im Frankreich der V. Republik nicht durch eine christdemokratische Partei mit Regierungsoption diszipliniert werden konnte.

5 Den identischen Zusammenhang zeigen Afonso/Devitt 2016, S. 594, Abbildung 1.

6 Basis ist jeweils die Gesamtbevölkerung im Jahr 2007.

7 Zu im Wesentlichen identischen Ergebnissen gelangt man, wenn man nicht die Antwort auf die Frage d63 des Eurobarometer-Fragebogens (»Würden Sie sich selbst und Ihren Haushalt zur … [Arbeiterklasse der Gesellschaft] zählen?«) zugrunde legt, sondern die Selbsteingruppierung als »Fach-« oder »sonstiger Arbeiter« (Frage d15a/d15b).

8 Vgl. allgemein zu dieser Unterscheidung Emmenegger et al. 2012;

Häusermann/Schwander 2012; Rueda 2005, 2006; Schwander/Häusermann 2013.

9 Unabhängig davon, ob sie aktiv arbeitssuchend oder nicht aktiv arbeitssuchend sind (siehe Variable main activity, MAINACT oder MNACTIC im ESS).

10 Über die Variable TPORGWK (type of work organization).

11 Es handelt sich um eine logistische Regression.

12 Was die Politik des Öffentlichen Dienstes anbetrifft, hat zum Beispiel Syriza einfach die Klientel der langjährigen sozialdemokratischen Volkspartei Pasok übernommen.

13 Die korrespondierenden Regressionstabellen berichte ich hier aus Gründen der schwierigeren Verständlichkeit und ihrer weniger eingängigen Interpretation nicht. Sie sind auf Nachfrage erhältlich. Im Koeffizientenplot nicht berichtet sind die Kontrollvariablen Bildung und Haushaltseinkommen.

14 Man könnte vermuten, dass bei dem hohen Ausmaß der Arbeitsemigration in Osteuropa diese selbst für die politischen Einstellungen eine Rolle spielt. Das ESS ermöglicht aufgrund der Variable WRKAC6M (»Paid work in another country, period more than 6 months in last 10 years«) diesem Zusammenhang nachzugehen. Es zeigen sich jedoch keine Zusammenhänge.

15 d63: »Würden Sie sich selbst und Ihren Haushalt zur … zählen? Arbeiterklasse der Gesellschaft«; qa3a_: »Was sind Ihrer Meinung nach die beiden wichtigsten Probleme, denen Italien derzeit gegenübersteht? qa3a_9: Einwanderung«.

16 Als Norditalien wurden kodiert: ITC1 Piemonte, ITC2 Valle d'Aosta, ITC3 Liguria, ITC4 Lombardia, ITH1 Provincia autonoma di Bolzano, ITH2 Provincia autonoma di Trento, ITH3 Veneto, ITH4 Friulia Venezia Giulia, ITH5 Emilia Romagna; als Süditalien: ITF1 Abruzzo, ITF2 Molise, ITF3 Campania, ITF4 Puglia, ITF5 Basilicata, ITF6 Calabria, ITG1 Sicilia.

17 Ein Muster des Interessensausgleichs zwischen Norden und Süden, das letztlich so alt ist wie der italienische Staat, und das historisch als *trasformismo* bekannt ist.

18 Hierzu instruktiv di Carlo 2018.

19 Ein Bündnis, das wir ja ähnlich in Griechenland finden, wo die Koalition aus der linkspopulistischen Syriza und der rechtsnationalistischen Anel ebenfalls nur klientelistisch zusammengehalten wird.

20 Die korrespondierenden Regressionstabellen berichte ich hier aus Gründen ihrer schwierigeren Verständlichkeit und weniger eingängi-

gen Interpretation nicht. Sie sind auf Nachfrage erhältlich. Im Koeffizientenplot nicht berichtet sind die Kontrollvariablen Bildung, Alter und Haushaltseinkommen.

21 Nimmt man alternativ die erklärte ideologische Nähe zur Partei (statt der Stimmabgabe in der letzten Parlamentswahl), erhält man aber keine höhere, sondern sogar eine niedrigere Fallzahl.

22 An dieser Stelle ist der Hinweis angebracht, dass eine Auswertung der ESS-Daten zumindest zeigt, dass es nicht die Insider sind, die Ukip wählen. Ich verzichte hier auf die Darstellung des Koeffizientenplots.

Anmerkungen zu Kapitel 6

1 Addiert wurden hier die Anteile der Parteifamilien Europäische Konservative und Reformer (u.a. mit PiS, Schwedendemokraten und Dansk Folkeparti), Konföderale Fraktion der Vereinten Europäischen Linken/Nordischen Grünen Linken (u.a. mit Syriza, Podemos, Izquierda Unida, Front de gauche), Europa der Freiheit und der direkten Demokratie (u.a. mit Ukip und Movimento Cinque Stelle) und schließlich Europa der Nationen und der Freiheit (u.a. mit Vlaams Belang, PVV, Rassemblement National, Lega Nord und FPÖ).

2 Hierzu gibt es mittlerweile eine recht elaborierte Literatur. Siehe etwa Carrubba/Timpone 2005; Hix/Marsh 2007; Koepke/Ringe 2006; Marsh 1998; Reif/Schmitt 1980.

3 Für das generelle Argument siehe Döring/Manow 2008.

4 Das gilt so zumindest für die alten westlichen Mitgliedsländer, nicht hingegen für die neu hinzugekommenen ostmitteleuropäischen Mitglieder, in denen weite Teile des Parteienspektrums einer mehr als wirtschaftlichen Integration ausgesprochen skeptisch gegenüberstehen.

5 In der Europawahl vom Mai 2014 wurden der Front National und Ukip zur jeweils stärksten französischen und britischen Partei, mit 24,9 und 27,5 %, das Movimento Cinque Stelle mit 21,2 % zur zweitstärksten italienischen Partei. Die AfD wurde bei der Europawahl 2014 erstmals in ein Parlament gewählt. Es ist davon auszugehen, dass in den Europawahlen im Mai 2019 die populistischen Parteien ihre Stimmen- und Sitzanteile nochmals substanziell erhöhen werden.

Anhang

Tabelle A1: Der Zweitstimmenanteil der AfD in der Bundestagswahl 2017 auf Gemeindeebene – und mögliche Erklärungsfaktoren

AfD Bundestagswahl 2017 Zweitstimmenanteil in %	I.	II.	III.	IV.	V.
sozialversicherungspflichtig Beschäftigte	0,171 (2,95)**	0,165 (2,88)**	0,186 (3,64)***	0,270 (6,33)***	0,272 (7,75)***
AfD-Stimmen in 2013	0,855 (4,98)***	0,851 (5,07)***	0,841 (5,03)***	0,671 (5,52)***	0,709 (5,74)***
neue Bundesländer	11,322 (8,30)***	11,357 (8,51)***	10,383 (7,27)***	8,329 (8,58)***	7,919 (8,41)***
Beschäftigte im Verarbeitenden Gewerbe		0,041 (2,14)*	0,040 (2,09)*	0,023 (1,39)	0,030 (1,87)*
geringfügig entlohnt Beschäftigte			−0,180 (2,48)**	−0,158 (2,03)*	−0,198 (2,33)**
Arbeitslosigkeit 2017			0,054 (0,22)	−0,071 (0,25)	−0,100 (0,33)
Arbeitslosigkeit 2000				0,349 (3,36)***	0,246 (1,87)*
Durchschnittseinkommen					−0,133 (2,75)**
Durchschnittseinkommen²					0,001 (2,64)**
Konstante	0,700 (0,40)	0,831 (0,49)	1,850 (1,32)	−1,500 (1,08)	2,492 (1,52)
R^2	0,66	0,66	0,66	0,60	0,61
N	10686	10686	10686	8904	8904

* $p<0,1$; ** $p<0,05$; *** $p<0,01$

Tabelle A2: Der Zweitstimmenanteil der AfD in der Bundestagswahl 2017 auf Gemeindeebene (Ost- und Westdeutschland) – und mögliche Erklärungsfaktoren

	AfD-Zweitstimmen-anteil	AfD-Zweitstimmen-anteil Ost	AfD-Zweitstimmen-anteil West
Arbeitslosigkeit	−0,180 (0,53)	−0,429 (0,60)	−0,127 (0,34)
Arbeitslosigkeit 2000	0,387 (3,12)**	0,412 (9,91)*	0,206 (0,99)
geringfügig entlohnt Beschäftigte	−0,224 (2,47)**	0,063 (1,30)	−0,323 (4,76)***
Beschäftigung Verarbeitendes Gewerbe	0,020 (2,06)*	0,007 (2,84)	0,021 (1,93)*
sozialversicherungs-pflichtig Beschäftigte	0,292 (10,53)***	0,109 (1,32)	0,311 (17,41)***
Durchschnitts-einkommen	−0,053 (3,37)***	−0,282 (6,89)*	−0,055 (3,34)**
Ausländeranteil	0,129 (3,18)**	0,088 (6,97)*	0,122 (2,81)**
Ost	9,528 (8,21)***		
Konstante	0,035 (0,02)	22,226 (12,88)**	0,975 (0,42)
R^2	0,58	0,10	0,15
N	8831	1035	7796

* $p<0{,}1$; ** $p<0{,}05$; *** $p<0{,}01$; geclusterter Standardfehler auf der Ebene der Bundesländer

Tabelle A3: Der Zweitstimmenanteil der AfD in den Bundestagswahlen 2013 und 2017 auf Gemeindeebene

	AfD Zweitstimmenanteil 2013	AfD Zweitstimmenanteil 2017
Arbeitslosigkeit	0,060	−0,161
	(1,04)	(0,48)
Arbeitslosigkeit im Jahre 2000	−0,003	0,388
	(0,09)	(3,12)**
geringfügig entlohnt Beschäftigte	−0,076	−0,212
	(2,20)*	(2,46)**
sozialversicherungspflichtig Beschäftigte	0,029	0,297
	(1,81)	(10,56)***
Beschäftigte im Verarbeitenden Gewerbe	0,000	0,024
	(0,00)	(1,52)
Ausländeranteil	0,019	0,132
	(0,71)	(3,12)**
Durchschnitts-einkommen	0,030	−0,053
	(4,31)***	(3,22)**
Ost	1,432	9,494
	(3,11)**	(8,25)***
Konstante	2,551	−0,052
	(4,20)***	(0,03)
R^2	0.10	0.58
N	6444	8900

* $p<0.1$; ** $p<0.05$; *** $p<0.01$; geclusterter Standardfehler auf der Ebene der Bundesländer

Schaubild A1: Zahl der registrierten Asylbewerber als Anteil der Gesamtbevölkerung (im Jahr 2007)

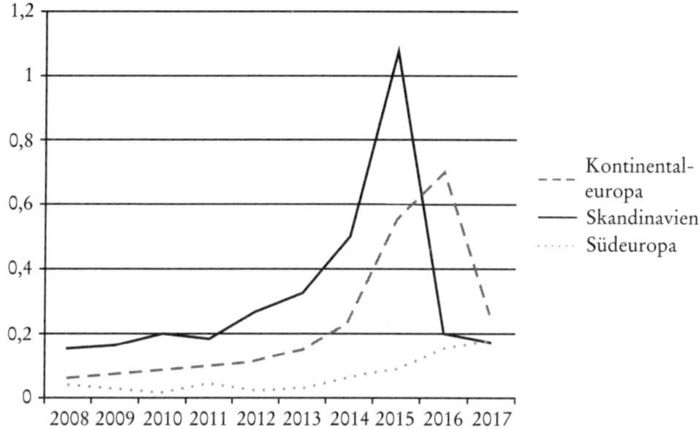

Quelle: Eurostat, migr_asyctz und migr_asyappctza

Literatur

Adams, Michael (2017), *Could it happen here? Canada in the Age of Trump and Brexit*, New York: Simon and Schuster.

Afonso, Alexandre/Camilla Devitt (2016), »Comparative political economy and international migration«, in: *Socio-Economic Review* 14/3, S. 591-613.

Akkerman, Tjitske/Sarah L. de Lange/Matthijs Roodujn (2016), *Radical Right-Wing Populist Parties in Western Europe*, London/New York: Routledge.

Alexander, Robin (2017), *Die Getriebenen. Merkel und die Flüchtlingspolitik. Report aus dem Inneren der Macht*, München: Siedler.

Allard, Gayle (2005), »Measuring job security over time: In search for a historical indicator of EPL (Employment Protection Legislation)«, *IE Working Paper WP05-17*, online verfügbar unter: {https://papers.ssrn.com/sol3/papers.cfm?abstract_id=1016327} (Stand September 2018).

Arzheimer, Kai (2009), »Contextual factors and the extreme right vote in Western Europe, 1980-2002«, in: *American Journal of Political Science* 53/2, S. 259-275.

Ders. (2015), »The AfD: Finally a successful right-wing populist eurosceptic party for Germany?«, in: *West European Politics* 38/3, S. 535-556.

Aspinwall, Mark (2002), »Preferring Europe: Ideology and national preferences on European integration«, in: *European Union Politics* 3/1, S. 81-111.

Autor, David H./David Dorn/Gordon H. Hanson (2016), »The China Shock: Learning from labor market adjustment to large changes in trade«, in: *Annual Review of Economics* 8, S. 205-240.

Bale, Tim (2003), »Cinderella and her ugly sisters: the mainstream and extreme right in Europe's bipolarising party systems«, in: *West European Politics* 26/3, S. 67-90.

Becker, Sascha O./Thiemo Fetzer (2017), »Does migration cause extreme voting?«, unveröffentlichtes Manuskript.

Becker, Sascha O./Thiemo Fetzer/Dennis Novy (2017), »Who voted for Brexit? A comprehensive district-level analysis«, *CESifo Working Paper*, Nr. 6438.

Beramendi, Pablo/Silja Häusermann/Herbert Kitschelt/Hanspeter Kriesi (2015a), »Introduction: The politics of advanced capitalism«, in: *The Politics of Advanced Capitalism*, herausgegeben von Pablo Beramendi et al., a. a. O., S. 1-64.

Dies. (Hg.) (2015b), *The Politics of Advanced Capitalism*, New York: Cambridge University Press.

Berbuir, Nicole/Marcel Lewandowsky/Jasmin Siri (2015), »The AfD and its sympathisers: Finally a right-wing populist movement in Germany?«, in: *German Politics* 24/2, S. 154-178.

Bermann, Knut/Matthias Diermeier/Judith Niehues (2017), »Die AfD: Eine Partei der sich ausgeliefert fühlenden Durchschnittsverdiener?«, in: *Zeitschrift für Parlamentsfragen* 48/1, S. 57-75.

Betz, Hans-Georg (1994), *Radical Right-Wing Populism in Western Europe*, New York: St. Martin's Press.

Betz, Hans-Georg/Fabian Habersack (im Erscheinen), »Regional nativism in Germany: The AfD in former East Germany«, in: *Populism and Regionalism*, herausgegeben von Oscar Mazzoleni/Rainer Henisch, London: Routledge.

Betz, Hans-Georg (Hg.) (1998), *The New Politics of the Right: Neo-populist Parties and Movements in Established Democracies*, New York: St. Martin's Press.

Bisbee, James (2018), »Free trade and American politics: How policy preferences respond to local trade shocks«, unveröffentlichtes Manuskript.

Bobba, Giuliano/Duncan McDonnell (2015), »Italy – a strong and enduring market for populism«, in: *European Populism in the Shadow of the Great Recession*, herausgegeben von Hanspeter Kriesi/Takis S. Pappas, a. a. O., S. 159-174.

Boräng, Frida (2018), *National Institutions – International Migration. Labour Markets, Welfare States and Immigration Policy*, London: ECPR Press, Rowman & Littlefield.

Borjas, George J. (2016), *We Wanted Workers: Unraveling the Immigration Narrative*, New York: W. W. Norton & Co.

Bornschier, Simon (2010), *Cleavage Politics and the Populist Right: The New Cultural Conflict in Western Europe*, Philadelphia: Temple University Press.

Ders. (2012), »Why a right-wing populist party emerged in France but not in Germany: Cleavages and actors in the formation of a new cultural divide«, in: *European Political Science Review* 4/01, S. 121-145.

Ders. (2018), »Globalization, cleavages, and the radical right«, in: *The*

Oxford Handbook of the Radical Right, herausgegeben von Jens Rydgren, Oxford: Oxford University Press, S. 212-238.

Ders./Hanspeter Kriesi (2015), »The populist right, the working class, and the changing face of class politics«, in: *Class Politics and the Radical Right*, herausgegeben von Jens Rydgren, a. a. O., S. 10-30.

Brennan, Jason (2017), *Gegen Demokratie. Warum wir Politik nicht den Unvernünftigen überlassen dürfen*, aus dem Englischen von Stephan Gebauer, Berlin: Ullstein.

Bromwich, David (2017), »The age of detesting Trump«, in: *London Review of Books* 39/14.

Bundeswahlleiter (2018), *Wahlbezirksstatistik, Bundestagswahl vom 24. September 2017*, Wiesbaden.

Caballero, Claudio (2005), »Nichtwahl«, in: *Handbuch Wahlforschung*, herausgegeben von Jürgen W. Falter/Harald Schoen, Wiesbaden: Springer VS, S. 329-365.

Carrubba, Clifford J./Richard J. Timpone (2005), »Explaining vote switching across first and second order elections: Evidence from Europe«, in: *Comparative Political Studies* 38/3, S. 260-281.

Carter, Elisabeth (2004), »Does PR promote political extremism? Evidence from the West European parties of the extreme right«, in: *Representation* 40/2, S. 82-100.

Clark, Harold D./Matthew Goodwin/Paul Whiteley (2017), *Brexit: Why Britain Voted to Leave the EU*, Cambridge: Cambridge University Press.

Colantone, Italo/Piero Stanig (2018), »Global competition and Brexit«, in: *American Political Science Review* 112/2, S. 201-218.

Collier, Paul (2014), *Exodus. Warum wir Einwanderung neu regeln müssen*, aus dem Englischen von Klaus-Dieter Schmidt, München: Siedler.

Commission of the European Communities (1990), *One Market, One Money. An Evaluation of the Potential Benefits and Costs of Forming an Economic and Monetary Union*, *European Economy* 40, Brüssel, online verfügbar unter: {http://ec.europa.eu/economy_finance/publications/pages/publication7454_en.pdf} (Stand September 2018).

Dal Bó, Ernesto/Frederico Finan/Olle Folke/Torsten Persson/Johanna Rickne (2018), »Economic losers and political winners: Sweden's radical right«, unveröffentlichtes Manuskript.

Dauth, Wolfgang/Sebastian Findeisen/Jens Südekum (2017), »Trade and manufacturing jobs in Germany«, in: *American Economic Review. Papers and Proceedings* 107/5, S. 337-342.

De Grauwe, Paul (2014), *Economics of Monetary Union*, 9. Auflage, Oxford: Oxford University Press.

De Vries, Catherine E./Isabell Hoffmann (2016), »Fear, not values. Public opinion and the populist vote in Europe«, Gütersloh: Bertelsmann Stiftung, online verfügbar unter: {https://www.bertelsmann-stiftung.de/fileadmin/files/user_upload/EZ_eupinions_Fear_Study_2016_ENG.pdf} (Stand September 2018).

Decker, Frank/Bernd Henningsen (2015), *Rechtspopulismus und Rechtsextremismus in Europa: Die Herausforderung der Zivilgesellschaft durch alte Ideologien und neue Medien*, Baden-Baden: Nomos.

Dennison, James/Andrew Geddes (2018), »Brexit and the perils of ›Europeanised migration‹«, in: *Journal of European Public Policy* 25/8, S. 1137-1153.

Di Carlo, Donato (2018), »The political economy of public sector wage setting in Germany and Italy«. Papier vorbereitet für die Konferenz *Responses of European Economic Cultures to Europe's Crisis Politics: The Example of German-Italian Discrepancies*, Como: Villa Vigoni, Juli 2019.

Diamond, Jared (1999), *Arm und Reich. Die Schicksale menschlicher Gesellschaften*, aus dem Englischen von Volker Englich, Frankfurt am Main: S. Fischer.

Döring, Holger/Philip Manow (2008), »Electoral and mechanical causes for divided government in the European Union«, in: *Comparative Political Studies* 41, S. 1349-1370.

Dies. (2017), »Is PR more favourable to the left? Electoral rules and their impact on elections, parliaments and cabinet formation«, in: *British Journal of Political Science* 47/1, S. 149-164.

Dies. (2018), *Parliament and Government Composition Database (ParlGov): An Infrastructure for Empirical Information on Parties, Elections and Governments.* {https://parlgov.org} (Stand September 2018)

Dustmann, Christian/T. Frattini/Paul Preston (2013), »The effect of immigration along the distribution of wages«, in: *Review of Economic Studies* 80/1, S. 145-173.

Eger, Maureen A. (2010), »Even in Sweden: The effect of immigration on support for welfare state spending«, in: *European Sociological Review* 26/2, S. 203-217.

Eichengreen, Barry (1996), »Institutions and economic growth: Europe after World War II«, in: *Economic Growth in Europe since 1945*, herausgegeben von Nicholas Crafts/Gianni Toniolo, Cambridge: Cambridge University Press, S. 38-72.

Ders. (2007), *The European Economy since 1945: Coordinated Capitalism and beyond*, Princeton: Princeton University Press.

Eiden-Offe, Patrick (2018), »Der Prolet ist ein anderer. Klasse und Imaginäres heute«, in: *Merkur. Deutsche Zeitschrift für Europäisches Denken* 72/825 (Februar), S. 15-30.

Emmenegger, Patrick/Silja Häusermann/Bruno Palier/Martin Seeleib-Kaiser (2012), *The Age of Dualization. The Changing Face of Inequality in Deindustrializing Societies*, New York/Oxford: Oxford University Press.

Ennser-Jedenastik, L. (2018), »Welfare chauvinism in populist radical right platforms: The role of redistributive justice principles«, in: *Social Policy & Administration* 52/1, S. 293-314.

Esping-Andersen, Gøsta (1990), *The Three Worlds of Welfare Capitalism*, Cambridge: Polity Press.

ESS Round 7 (2014), »European Social Survey Round 7 Data. Data file edition 2.1«; Norway: NSD – Norwegian Centre for Research Data.

ESS Round 8 (2016), »European Social Survey Round 8 Data. Data file edition 2.0«; Norway: NSD – Norwegian Centre for Research Data.

FAZ (2015), »Griechischer Verteidigungsminister erzürnt Berlin«, in: *Frankfurter Allgemeine Zeitung* (19. März 2015), online verfügbar unter: {http://www.faz.net/aktuell/politik/europaeische-union/drohung-mit-fluechtlingswelle-sorgt-fuer-empoerung-13472361.html} (Stand September 2018).

Ferrera, Maurizio (1996), »The ›Southern model‹ of welfare in social Europe«, in: *Journal of European Social Policy* 6/1, S. 17-37.

Ford, Robert/Matthew J. Goodwin (2014), *Revolt on the Right: Explaining Support for the Radical Right in Britain*, London/New York: Routledge.

Frank, Tobias (2015), *Die AfD bei der Bundestagswahl 2013: Determinanten und Erklärungen ihres Wahlerfolgs*, Schriftenreihe des Instituts für Politikwissenschaft der Universität Duisburg-Essen, Band 23, Marburg: Tectum.

Franklin, Mark N. (2004), *Voter Turnout and the Dynamics of Electoral Competition in Established Democracies since 1945*, Cambridge/New York: Cambridge University Press.

Franz, Christian/Marcel Fratzscher/Alexander S. Kritikos (2018), »AfD in dünn besiedelten Räumen mit Überalterungsproblemen stärker«, in: *DIW-Wochenbericht* 8, S. 136-144.

Frazer, Hugh/Eric Marlier (2016), »Minimum income schemes in Europe. A study of national policies 2015«, Brüssel: European Commission, online verfügbar unter: {http://ec.europa.eu/social/main.jsp?catId=1135&intPageId=3588} (Stand September 2018).

Goerres, Achim/Dennis C. Spies/Staffan Kumlin (2018), »The electoral supporter base of the Alternative for Germany«, in: *Swiss Political Science Review*, online verfügbar unter: {https://papers.ssrn.com/sol3/papers.cfm?abstract_id=2942745} (Stand September 2018).

Golder, Matt (2003a), »Electoral institutions, unemployment and extreme right parties«, in: *British Journal of Political Science* 33/3, S. 525-534.

Ders. (2003b), »Explaining variance in the success of extreme right parties in Western Europe«, in: *Comparative Political Studies* 36, S. 432-466.

Goodhart, David (2017), *The Road to Somewhere. The New Tribes Shaping British Politics*, London: Penguin.

Grimm, Robert (2015), »The rise of the German eurosceptic party Alternative für Deutschland, between ordoliberal critique and popular anxiety«, in: *International Political Science Review* 36/3, S. 264-278.

Hainmüller, Jens/Daniel J. Hopkins (2014), »Public attitudes toward immigration«, in: *Annual Review of Political Science* 17/1, S. 225-249.

Halikiopoulou, Daphne/Tim Vlandas (2016), »Risks, costs and labour markets: Explaining cross-national patterns of far right party success in European Parliament elections«, in: *Journal of Common Market Studies* 54/3, S. 636-655.

Hall, Peter A. (2012), »The economics and politics of the Euro crisis«, in: *German Politics* 21/4, S. 355-371.

Ders. (2014), »Varieties of capitalism and the Euro crisis«, in: *West European Politics* 37/6, S. 1223-1243.

Ders./David Soskice (Hg.) (2001), *Varieties of Capitalism. The Institutional Foundations of Comparative Advantage*, Oxford: Oxford University Press.

Hambauer, Verena/Anja Mays (2018), »Wer wählt die AfD? Ein Vergleich der Sozialstruktur, politischen Einstellungen und Einstellungen zu Flüchtlingen zwischen AfD-WählerInnen und der WählerInnen der anderen Parteien«, in: *Zeitschrift für vergleichende Politikwissenschaft* 1, S. 133-154.

Häusermann, Silja (2012), »The politics of old and new social policies«, in: *The Politics of the New Welfare State*, herausgegeben von Giuliano Bonoli/David Natali, Oxford: Oxford University Press.

Dies. (2018), »Social democracy and the welfare state in context. The conditioning effect of institutional legacies and party competition«, in: *Welfare Democracies and Party Politics*, herausgegeben von Philip Manow et al., a. a. O., S. 150-170.

Häusermann, Silja/Hanna Schwander (2012), »Varieties of dualization? Labor market segmentation and insider-outsider divides across regimes«, in: *The Age of Dualization*, herausgegeben von Patrick Emmenegger et al., a. a. O., S. 27-51.

Häusermann, Silja/Georg Picot/Dominik Geering (2013), »Rethinking party politics and the welfare state. Recent advances in the literature«, in: *British Journal of Political Science* 43/1, S. 221-240.

Hays, Jude C. (2009), *Globalization and The New Politics of Embedded Liberalism*, Oxford: Oxford University Press.

Helgason, Agnar Freyr/Vittorio Mérola (2017), »Employment insecurity, incumbent partisanship, and voting behavior in comparative perspective«, in: *Comparative Political Studies* 50/11, S. 1489-1523.

Hix, Simon/Michael Marsh (2007), »Punishment or protest? Understanding European Parliament elections«, in: *Journal of Politics* 69/2, S. 495-510.

Hobolt, Sara B./James Tilley (2016), »Fleeing the centre: The rise of challenger parties in the aftermath of the euro crisis«, in: *West European Politics* 39/5, S. 971-991.

Dies./Jae-Jae Spoon/James Tilley (2008), »A vote against Europe? Explaining defection at the 1999 and 2004 European Parliament elections«, in: *British Journal of Political Science* 39, S. 93-115.

Höpner, Martin/Mark Lutter (2016), »The diversity of wage regimes: Why the Eurozone is too heterogeneous for the Euro«, in: *European Political Science Review*, S. 1-26.

Inglehart, Ronald/Pippa Norris (2016), »Trump, Brexit and the rise of populism: Economic have-Nots and cultural backlash«, in: *Harvard Kennedy School Faculty Research Working Paper*, RWP16-026.

Iversen, Torben/Anne Wren (1998), »Equality, employment and budgetary restraint: The trilemma of the service economy«, in: *World Politics* 50, S. 507-546.

Ders./Jonas Pontusson (2000), »Comparative political economy: A Northern European perspective«, in: *Unions, Employers and Central Banks. Macroeconomic Coordination and Institutional Change in Social Market Economies*, herausgegeben von Torben Iversen/Jonas Pontusson/ David Soskice, Cambridge: Cambridge University Press, S. 1-37.

Ders./David Soskice (2006), »Electoral institutions and the politics of coalitions: Why some democracies redistribute more than others«, in: *American Political Science Review* 100/2, S. 165-181.

Dies. (2010), »Real exchange rates and competitiveness: The political economy of skill formation, wage compression, and electoral systems«, in: *American Political Science Review* 104/3, S. 601-623.

Dies., (2018), »A structural-institutional explanation of the Eurozone crisis«, in: *Welfare Democracies and Party Politics*, herausgegeben von Philip Manow et al., a. a. O., S. 257-280.

Dies./David Hope (2016), »The Eurozone and political economic institutions«, in: *Annual Review of Political Science* 19/1, S. 163-185.

Jackman, Robert W./Karin Volpert (1996), »Conditions favouring parties of the extreme right in Western Europe«, in: *British Journal of Political Science* 26/4, S. 501-521.

Jann, Olaf (2017), »›Heartland‹ oder: Die Kritik der infamen Bürger«, in: *Das Volk gegen die (liberale) Demokratie*, herausgegeben von Dirk Jörke/Oliver Nachtwey, a. a. O., S. 279-302.

Johnston, Alison/Bob Hancké/Suman Pant (2014), »Comparative institutional advantage in the European sovereign debt crisis«, in: *Comparative Political Studies* 47/13, S. 1771-1800.

Joppke, Christian (2017), »Erst die Moral, dann das Fressen«, in: *Frankfurter Allgemeine Zeitung* (12. Juni 2017), online verfügbar unter: {http://www.faz.net/aktuell/politik/die-gegenwart/populismus-erst-die-moral-dann-das-fressen-15047823.html (Stand August 2018).

Jörke, Dirk/Veith Selk (2017), *Theorien des Populismus: zur Einführung*, Hamburg: Junius.

Ders./Oliver Nachtwey (Hg.) (2017), *Das Volk gegen die (liberale) Demokratie*, herausgegeben von Dirk Jörke/Oliver Nachtwey, *Leviathan Sonderband* 32, Baden-Baden: Nomos.

Kaltwasser, Cristóbal Rovira/Paul A. Taggart/Paulina Ochoa Espejo/ Pierre Ostiguy (Hg.) (2017), *The Oxford Handbook of Populism*, Oxford: Oxford University Press.

Kedar, Orit (2005), »When moderate voters prefer extreme parties: Policy balancing in parliamentary elections«, in: *American Political Science Review* 99/2, S. 185-199.

Kersbergen, Kees van/Philip Manow (Hg.) (2009), *Religion, Class Coalitions and the Welfare State*, Cambridge/New York: Cambridge University Press.

King, Desmond/David Rueda (2008), »Cheap labor: The new politics of ›Bread and Roses‹ in industrial democracies«, in: *Perspectives on Politics* 6, S. 279-297.

Kitschelt, Herbert (2013), »Democratic accountability and linkages project«, Durham: Duke University, online verfügbar unter: {https://sites.duke.edu/democracylinkage/}(Stand September 2019).

Ders./Steven I. Wilkinson (2007a), »A research agenda for the study of citizen-politician linkages and democratic accountability«, in: *Patrons, Clients and Policies Patterns*, herausgegeben von Herbert Kitschelt/Steven I. Wilkinson, a. a. O., S. 322-343.

Dies. (Hg.) (2007b), *Patrons, Clients and Policies: Patterns of Democratic Accountability and Political Competition*, New York: Cambridge University Press.

Ders./Philipp Rehm (2014), »Occupations as a site of political preference formation«, in: *Comparative Political Studies* 47/12, S. 1670-1706.

Knigge, Pia (1998), »The ecological correlates of right-wing extremism in Western Europe«, in: *European Journal of Political Research* 34/2, S. 249-279.

Koepke, Jason R./Nils Ringe (2006), »The second-order election model in an enlarged Europe«, in: *European Union Politics* 7/3, S. 321-346.

Koppetsch, Cornelia (2017), »Rechtspopulismus, Etablierte und Außenseiter. Emotionale Dynamiken sozialer Deklassierung«, in: *Das Volk gegen die (liberale) Demokratie*, herausgegeben von Dirk Jörke und Oliver Nachtwey, a. a. O., S. 208-232.

Krastev, Ivan (2017), *Europadämmerung. Ein Essay*, aus dem Englischen von Michael Bischoff, Berlin: Suhrkamp.

Kriesi, Hanspeter (2014), »The populist challenge«, in: *West European Politics* 37/2, S. 361-378.

Ders./Edgar Grande/Romain Lachat/Martin Dolezal/Simon Bornschier/Timotheos Frey (2006), »Globalization and the transformation of the national political space: Six European countries compared«, in: *European Journal of Political Research* 45, S. 921-956.

Dies. (2008), *West-European Politics in the Age of Globalization*, New York: Cambridge University Press.

Ders./Edgar Grande/Martin Dolezal/Marc Helbling/Dominic Höglinger/Swen Hutter/Bruno Wueest (2012), *Restructuring political conflict in Western Europe*, Cambridge: Cambridge University Press.

Ders./Takis S. Pappas (Hg.) (2015), *European Populism in the Shadow of the Great Recession*, Colchester: ECPR Press.

Lengfeld, Holger (2017a), »Die ›Alternative für Deutschland‹: Eine Partei für Modernisierungsverlierer?«, in: *Kölner Zeitschrift für Soziologie und Sozialpsychologie* 69/2, S. 209-232.

Ders. (2017b), *Abstiegsangst in Deutschland auf historischem Tiefstand. Ergebnisse der Auswertung des Sozio-oekonomischen Panels 1991-2016*, unveröffentlichtes Manuskript, online verfügbar unter: {http://sozweb.sozphil.uni-leipzig.de/fileadmin/studie_abstiegs%C3%A4ngste_der_deutschen_1991-2016.pdf} (Stand September 2018).

Ders./ Clara Dilger (2018) »Kulturelle und ökonomische Bedrohung. Eine Analyse der Ursachen der Parteiidentifikation mit der ›Alternative für Deutschland‹ mit dem Sozio-oekonomischen Panel 2016«, in: *Zeitschrift für Soziologie* 47/3, S. 181-199.

Leo, Per/Maximilian Steinbeis/Daniel-Pascal Zorn (2017), *Mit Rechten reden. Ein Leitfaden*, Stuttgart: Klett-Cotta.

Levitsky, Steven/Kenneth M. Roberts (2011), *The Resurgence of the Latin American Left*, Baltimore: Johns Hopkins University Press.

Levitsky, Steven/Daniel Ziblatt (2018), *Wie Demokratien sterben. Und was wir dagegen tun können*, aus dem Englischen von Klaus-Dieter Schmidt, München: Deutsche Verlags-Anstalt.

Lewandowsky, Marcel (2015), »Eine rechtspopulistische Protestpartei? Die AfD in der öffentlichen und politikwissenschaftlichen Debatte«, in: *Zeitschrift für Politikwissenschaft* 25/1, S. 119-134.

Lilla, Mark (2017), *The Once and Future Liberal: After Identity Politics*, New York: HarperCollins.

Lubbers, Marcel/Mérove Gijsberts/Peer Scheepers (2002), »Extreme right-wing voting in Western Europe«, in: *European Journal of Political Research* 41/3, S. 345-378.

Luft, Stefan (2017), *Die Flüchtlingskrise. Ursachen, Konflikte, Folgen*, München: C.H. Beck.

Luttwak, Edward N. (2017), »Why the Trump dynasty will last sixteen years«, in: *Times Literary Supplement* (25. Juli).

Mahler, Vincent A. (2008), »Electoral turnout and income redistribution by the state. A cross-national analysis of the developed democracies«, in: *European Journal of Political Research* 47/2, S. 161-183.

Ders./David K. Jesuit/Piotr R. Paradowski (2014), »Electoral turnout and state redistribution. A cross-national study of fourteen developed countries«, in: *Political Research Quarterly* 67/2, S. 361-373.

Manow, Philip (2005), »National vote intention and European voting behavior 1979-2004: Second order effects, election timing, government approval and the Europeanization of European Elections«, *MPIfG Discussion Paper* 05/11, online verfügbar unter: {http://www.mpifg.de/pu/mpifg_dp/dp05-11.pdf} (Stand September 2018).

Ders. (2009), »Electoral rules, class-coalitions and welfare state regimes – or how to explain Esping-Andersen with Stein Rokkan«, in: *Socio-Economic Review* 7/1, S. 101-121.

Ders. (2015), »Workers, farmers, and catholicism: A history of political class coalitions and the South-European welfare state regime«, in: *Journal of European Social Policy* 25/1, S. 32-49.

Ders. (2018), »Links und rechts – zwei Spielarten des Populismus«, in: *Frankfurter Allgemeine Zeitung* (29. Januar), S. 7, online verfügbar unter: {http://www.faz.net/aktuell/politik/die-gegenwart/philip-manow-spielarten-des-populismus-15421472.html} (Stand September 2018).

Ders. (im Erscheinen), *Social Protection, Capitalist Production. The Bismarckian Welfare State in the German Political Economy, 1880-2015*, Oxford: Oxford University Press.

Ders./Kees van Kersbergen (2009), »Religion and the Western welfare state: The theoretical context«, in: *Religion, Class Coalitions and Welfare States*, herausgegeben von Kees van Kersbergen/Philip Manow, a.a.O., S. 1-38.

Ders./Bruno Palier/Hanna Schwander (Hg.) (2018), *Welfare Democracies and Party Politics: Explaining Electoral Dynamics in Times of Changing Welfare Capitalism*, Oxford: Oxford University Press.

March, Luke (2011), *Radical Left Parties in Contemporary Europe*, New York: Routledge.

Marks, Gary/Liesbet Hooghe/Moira Nelson/Erica Edwards (2006), »Party competition and European integration in East and West: Different structure, same causality«, in: *Comparative Political Studies* 39/2, S. 155-175.

Marsh, Michael (1998), »Testing the second-order election model after four European elections«, in: *British Journal of Political Science* 28, S. 591-607.

Ders. (2007), »European Parliament elections and losses by governing parties«, in: *European Elections and Domestic Politics. Lessons from the Past and Scenarios for the Future*, herausgegeben von Wouter van der Brug/Cees van der Eijk, Notre Dame: University of Notre Dame Press, S. 51-72.

Martin, David (1978), *A General Theory of Secularization*, Oxford: Basil Blackwell.

Mau, Steffen/Christoph Burkhardt (2009), »Migration and welfare state solidarity in Western Europe«, in: *Journal of European Social Policy* 19/3, S. 213-229.

Meguid, Bonny (2005), »Competition between unequals: The role of mainstream party strategy in niche party success«, in: *American Political Science Review* 99/3, S. 347-359.

Merkel, Wolfgang (2017), »Kosmopolitismus versus Kommunitarismus: Ein neuer Konflikt in der Demokratie«, in: *Parties, Governments and Elites: The Comparative Study of Democracy*, herausgegeben von Philipp Harfst/Ina Kubbe/Thomas Poguntke, Berlin: Springer, S. 9-23.

Michelsen, Danny/Marika Pryzbilla-Voß/Michael Lühmann/Martin Grund/Hannes Keune/Florian Finkbeiner (2017), »Ursachen und Hintergründe für Rechtsextremismus, Fremdenfeindlichkeit und fremdenfeindlich motivierte Übergriffe in Ostdeutschland sowie die Ballung in einzelnen ostdeutschen Regionen«, Göttingen: Göttinger Institut für Demokratieforschung.

Moffit, Benjamin (2016), *The Global Rise of Populism: Performance, Political Style and Representation*, Stanford: Stanford University Press.

Mounk, Yascha (2018), *Der Zerfall der Demokratie. Wie der Populismus den Rechtsstaat bedroht*, aus dem Englischen von Bernhard Jendricke, München: Droemer.

Mudde, Cas (2004), »The populist zeitgeist«, in: *Government and Opposition* 39, S. 542-563.

Ders. (2007), *Populist Radical Right Parties in Europe*, Cambridge: Cambridge University Press.

Ders. (2016), »The study of populist radical right parties: Towards a fourth wave«, *C-REX Center for Research on Extremism Discussion Paper* 2016/1.

Ders./Cristóbal Rovira Kaltwasser (2017), *Populism. A Very Short Introduction*, Oxford: Oxford University Press.

Müller, Jan-Werner (2017 [2016]), *What is Populism?*, London: Penguin; die deutsche Originalausgabe erschien unter dem Titel *Was ist Populismus? Ein Essay* (Berlin: Suhrkamp).

Network, European Migration (2014a), »Migrant access to social security and health care: Policies and practice in Spain«, online verfügbar unter: {https://ec.europa.eu/home-affairs/sites/homeaffairs/files/what-we-do/networks/european_migration_network/reports/docs/emn-studies/26a_spain_social_security_study_english_version.pdf} (Stand September 2018).

Dass. (2014b), »Migrant access to social security and healthcare in Italy: policies and practices«, online verfügbar unter: {https://ec.europa.eu/home-affairs/sites/homeaffairs/files/what-we-do/networks/european_migration_network/reports/docs/emn-studies/illegally-resident/14a.italy_national_report_social_security_en_version.pdf} (Stand September 2018).

Niedermayer, Oskar/Jürgen Hofrichter (2016), »Die Wählerschaft der AfD: Wer ist sie, woher kommt sie und wie weit rechts steht sie?«, in: *Zeitschrift für Parlamentsfragen* 47/2, S. 267-284.

Oesch, Daniel (2008), »Explaining workers support for right-wing populist parties in Western Europe: Evidence from Austria, Belgium, France, Norway, and Switzerland«, in: *International Political Science Review* 29/3, S. 349-373.

Ders. (2013), »The class basis of the cleavage between the New Left and the radical right: An analysis for Austria, Denmark, Norway and Switzerland«, in: *Class Politics and the Radical Right*, herausgegeben von Jens Rydgren, London: Routledge, S. 31-52

Ders. (2015), »Occupational structure and labour market change in Western Europe since 1990«, in: *The Politics of Advanced Capitalism*, herausgegeben von Pablo Beramendi et al., a. a. O., S. 112-132.

Ders./Line Rennwald (2010), »The class basis of Switzerland's cleavage between the New Left and the populist right«, in: *Swiss Political Science Review* 16/3, S. 343-371.

Palier, Bruno/Kathleen A. Thelen (2010), »Institutionalizing dualism: Complementaries and change in France and Germany«, in: *Politics & Societies* 38/1, S. 119-148.

Pellizari, Michele (2013), »The use of welfare by migrants in Italy«, in: *International Journal of Manpower* 34/2, S. 155-166.

Pirro, Andrea L.P. (2016), *The Populist Radical Right in Central and Eastern Europe: Ideology, Impact, and Electoral Performance*, London/New York: Routledge.

Polavieja, Javier G. (2016), »Labour-market competition, recession and anti-immigrant sentiments in Europe: Occupational and environmental drivers of competitive threat«, in: *Socio-Economic Review* 14/3, S. 395-417.

Polk, Jonathan T./Jan Rovny (2018), »Welfare democracies and multidimensional party competition in Europe«, in: *Welfare Democracies and Party Politics*, herausgegeben von Philip Manow et al., a.a.O., S. 29-60.

Putnam, Robert D. (1994), *Making Democracy Work: Civic Traditions in Modern Italy*, Princeton: Princeton University Press.

Ders. (2001), *Bowling Alone: The Collapse and Revival of American Community*, New York: Simon & Schuster.

Ramiro, Luis (2016), »Support for radical left parties in Western Europe: social background, ideology and political orientations«, in: *European Political Science Review* 8/1, S. 1-23.

Rapp, Carolin (2017), »Shaping tolerant attitudes towards immigrants: The role of welfare state expenditures«, in: *Journal of European Social Policy* 27/1, S. 40-56.

Raumforschung, Bundesinstitut für Bau-, Stadt- und (2016), *INKAR, Indikatoren und Karten zur Raum- und Stadtentwicklung*.

Reckwitz, Andreas (2017), *Die Gesellschaft der Singularitäten. Zum Strukturwandel der Moderne*, Berlin: Suhrkamp.

Reif, Karlheinz/Herrmann Schmitt (1980), »Nine second-order national elections: A conceptual framework for the analysis of European Election results«, in: *European Journal of Political Research* 8/1, S. 3-44.

Rodrik, Dani (1996), »Why do more open economies have bigger governments?«, *NBER Working Paper Series*, online verfügbar unter: {http://www.nber.org/papers/w5537.pdf} (Stand September 2018)

Ders. (1997), *Has Globalization Gone Too Far?*, Washington, D.C.: Institute for International Economics.

Ders. (2018), »Populism and the political economy of globalization«, in: *Journal of International Business Policy* 1/1, S. 12-33.

Römer, Friederike (2017), »Generous to all or ›insiders only‹? The relationship between welfare state generosity and immigrant welfare rights«, in: *Journal of European Social Policy* 27/2, S. 173-196.

Romero, Federico (1994), »Migration as an issue in European interdependence and integration: The case of Italy«, in: *The Frontier of National Sovereignty. History and Theory 1945-1992*, herausgegeben von Alan S. Milward/Frances M.B. Lynch/Ruggero Ranieri/Federico Romero/Vibeke Soerensen, London/New York: Routledge, S. 33-58.

Roodujn, Matthijs (2018), »What unites the voter bases of populist parties? Comparing the electorates of 15 populist parties«, in: *European Political Science Review* 10/3, S. 351-358.

Ders./Brian Burgoon (2017), »The paradox of well-being: Do unfavorable socioeconomic and sociocultural contexts deepen or dampen radical left and radical right voting among the less well-off?«, in: *Comparative Political Studies* 1/34, online verfügbar unter: {http://journals.sagepub.com/doi/pdf/10.1177/0010414017720707} (Stand September 2018).

Roßteutscher, Sigrid/Rüdiger Schmitt-Beck/Harald Schoen/Bernhard Weßels/Christof Wolf/Ina Bieber/Lars-Christopher Stövsand/Melanie Dietz/Philipp Scherer/Aiko Wagner/Reinhold Melcher/Heiko Giebler (2018), »Pre- and post-election cross section (cumulation) (GLES 2017)«, Köln: GESIS Data Archive.

Röth, Leonce/Alexandre Afonso/Dennis C. Spies (2018), »The impact of populist radical right parties on socio-economic policies«, in: *European Political Science Review* 10/3, S. 325-350.

Rovny, Jan (2013), »Where do radical right parties stand? Position blurring in multidimensional competition«, in: *European Political Science Review* 5/01, S. 1-26.

Rueda, David (2005), »Insider-outsider politics in industrialized democracies: The challenge to social democratic parties«, in: *American Political Science Review* 99/1, S. 61-74.

Ders. (2006), »Social democracy and active labour-market policies: Insiders, outsiders and the politics of employment protection«, in: *British Journal of Political Science* 36, S. 385-406.

Ruhs, Martin (2013), *The Price of Rights: Regulating International Labour Migration*, Princeton: Princeton University Press.

Ruhs, Martin/Joakim Palme (2018), »Understanding the political conflicts around free movement in the European Union: A conceptual framework for an institutional analysis«, in: *Journal of European Public Policy* 25/10, S. 1481-1500.

Runciman, David (2018), *How Democracy Ends*, London: Profile Books.

Rydgren, Jens (Hg.) (2015), *Class Politics and the Radical Right*, London: Routledge.

Sainsbury, Diana (2006), »Immigrants' social rights in comparative perspective: Welfare regimes, forms in immigration and immigration policy regimes«, in: *Journal of European Social Policy* 16/3, S. 229-244.

Schäfer, Armin (2015), *Der Verlust politischer Gleichheit: Warum die sinkende Wahlbeteiligung der Demokratie schadet*, Frankfurt am Main: Campus.

Ders./Hanna Schwander/Philip Manow (2016), »Der sozial ›auffällige‹ Nichtwähler: Determinanten der Wahlbeteiligung bei der Bundestagswahl 2013«, in: *Wahlen und Wähler. Analysen aus Anlass der Bundestagswahl 2013*, herausgegeben von Harald Schoen/Bernhard Weßels, Berlin: Springer, S. 21-44.

Scharpf, Fritz W. (2011), »Monetary union, fiscal crisis, and the preemption of democracy«, *MPIfG Discussion Paper* 11/11, online verfügbar unter: {http://www.mpifg.de/pu/mpifg_dp/dp11-11.pdf} (Stand September 2018).

Ders. (2014), »No exit from the Euro-rescuing trap?«, *MPIfG Discussion Paper* 14/4, online verfügbar unter: {http://www.mpifg.de/pu/mpifg_dp/dp14-4.pdf} (Stand September 2018).

Ders. (2015), »Das Dilemma der supranationalen Demokratie in Europa«, in: *Leviathan* 43/1, S. 11-28.

Ders. (2017), »Vom asymmetrischen Euro-Regime in die Transfer-Union – und was die deutsche Politik dagegen tun könnte«, in: *Leviathan* 45/3, S. 286-308.

Schmidt, Susanne K. (2018), *The European Court of Justice and the Policy Process*, Oxford: Oxford University Press.

Schmitt-Beck, Rüdiger (2014), »Euro-Kritik, Wirtschaftspessimismus und Einwanderungsskepsis: Hintergründe des Beinah-Wahlerfolges der Alternative für Deutschland (AfD) bei der Bundestagswahl 2013«, in: *Zeitschrift für Parlamentsfragen* 45/1, S. 94-112.

Ders. (2017), »The ›Alternative für Deutschland in the electorate‹: Between single-issue and right-wing populist party«, in: *German Politics* 26/1, S. 124-148.

Schmitt, Carina/Celine Teney (2016), »Access to general social protection for immigrants in advanced democracies«, in: *Zentra Working Papers in Transnational Studies* 2016/70.

Schwander, Hanna/Silja Häusermann (2013), »Who's in and who's out? A risk-based conceptualisation of insiders and outsiders«, in: *Journal of European Social Policy* 23/3, S. 248-269.

Schwander, Hanna/Philip Manow (2017a), »Its not the economy, stupid! Explaining the electoral success of the German right-wing populist AfD«, *CIS Working Paper* 94, online verfügbar unter: {https://www.ethz.ch/content/dam/ethz/special-interest/gess/cis/cis-dam/CIS_DAM_2017/WP94_A4.pdf} (Stand September 2018).

Dies. (2017b), »›Modernize *and* die‹? German social democracy and the electoral consequences of the Agenda 2010«, in: *Socio-Economic Review* 15/1, S. 117-134.

Dies. (2018), »A labour-market explanation for the success of the populist-right AfD«, unveröffentlichtes Manuskript.

Selb, Peter/Simon Munzert (2013), »Voter overrepresentation, vote misreporting, and turnout bias in postelection surveys«, in: *Electoral Studies* 32/1, S. 186-196.

Siaroff, Alan (1999), »Corporatism in 24 industrial democracies: Meaning and measurement«, in: *European Journal of Political Research* 36/2, S. 175-205.

Spier, Tim (2010), *Modernisierungsverlierer? Die Wählerschaft rechtspopulistischer Parteien in Westeuropa*, Wiesbaden: VS Verlag für Sozialwissenschaften.

Stark, Andrew (2018), »Oh, Canada!«, in: *New York Review of Books* (19. Juli), S. 27-29.

Stegemann, Bernd (2017), *Das Gespenst des Populismus: Ein Essay zur politischen Dramaturgie*, Berlin: Verlag Theater der Zeit.

Stockemer, Daniel (2016), »Structural data on immigration or immigration perceptions? What accounts for the electoral success of the radical right in Europe«, in: *Journal of Common Market Studies* 54/4, S. 999-1016.

Ders. (2017), »The success of radical right-wing parties in Western European regions – new challenging findings«, in: *Journal of Contemporary European Studies* 25/1, S. 41-56.

Swank, Duane (2010), »Globalization«, in: *Oxford Handbook of the Welfare State*, herausgegeben von Francis G. Castles/Stephan Leibfried/J. Lewis/Herbert Obinger/Christopher Pierson, Oxford: Oxford University Press, S. 318-332.

Ders./Hans-Georg Betz (2003), »Globalization, the welfare state and right-wing populism in Western Europe«, in: *Socio-Economic Review* 1/2, S. 215-245.

Taggart, Paul A. (2017), »Populism in Western Europe«, in: *Oxford Handbook of Populism*, herausgegeben von Cristóbal Rovira Kaltwasser et al., a. a. O., S. 248-263.

Talving, Liisa (2017), »The electoral consequences of austerity: economic policy voting in Europe in times of crisis«, in: *West European Politics* 40/3, S. 560-583.

Ther, Philipp (2014), *Die neue Ordnung auf dem alten Kontinent. Eine Geschichte des neoliberalen Europa*, Berlin: Suhrkamp.

Tourangeau, Roger/Robert M. Groves/Celo D. Redline (2010), »Sensitive topics and reluctant respondents. Demonstrating a link between nonresponse-bias and measurement error«, in: *Public Opinion Quarterly* 74, S. 413-432.

UNHCR (2017), *Statistical Yearbook 2016*, Genf: Hoher Flüchtlingskommissar der Vereinten Nationen.

Van Reybrouck, David (2017 [2013]), *Gegen Wahlen. Warum Abstimmen nicht demokratisch ist*, aus dem Niederländischen von Arne Braun, Göttingen: Wallstein.

Visser, Mark/Marcel Lubbers/Gerbert Kraaykamp/Eva Jaspers (2014), »Support for radical left ideologies in Europe«, in: *European Journal of Political Research* 533/3, S. 541-558.

Vlandas, Tim/Daphne Halikiopoulou (im Erscheinen), »Does unemployment matter? Economic insecurity, labour market policies and the far-right vote in Europe«, in: *European Political Science Review.*

Voßkuhle, Andreas (2017), »Demokratie und Populismus«, in: *Frankfurter Allgemeine Zeitung* (23. November 2017), S. 6.

Weyland, Kurt (2013), »The threat from the populist left«, in: *Journal of Democracy* 24/3, S. 18-32.

Wong, David (2016), »How half of America lost its f***ing mind«, in: *Cracked* (12. Oktober 2016), online verfügbar unter: {http://www.cracked.com/blog/6-reasons-trumps-rise-that-no-one-talks-about/} (Stand September 2018).

Wren, Anne (Hg.) (2013), *The Political Economy of the Service Transition*, Oxford: Oxford University Press.

Zielonka, Jan (2018), *Counter-Revolution: Liberal Europe in Retreat*, Oxford: Oxford University Press.

Zürn, Michael/Pieter de Wilde (2016), »Debating globalization: Cosmopolitanism and communitarianism as political ideologies«, in: *Journal of Political Ideologies* 21/3, S. 280-301.

Danksagung

Das vorliegende Buch ist im Kontext einer längerfristigen Beschäftigung mit dem Verhältnis von Politischer Ökonomie und Politischem System, insbesondere Parteiensystem, der entwickelten Industrie- und Wohlfahrtsstaaten entstanden. Diesem Zusammenhang, der in der jüngeren Forschung stärker in den Blick geraten ist (Häusermann/Picot/Geering 2012), habe ich mich in den letzten Jahren zunächst im Rahmen des Bremer Sonderforschungsbereichs »Staatlichkeit im Wandel« in einem Projekt zu den »Folgen des Sozialstaatsumbaus für den Parteienwettbewerb« gewidmet. Ich danke der Deutschen Forschungsgemeinschaft für ihre großzügige Förderung. Viele der in diesem Buch behandelten Themen sind im Kontext dieses Projekts im engen Austausch mit Hanna Schwander entstanden und führen gemeinsame Forschung fort (Manow/Palier/Schwander 2018; Schäfer/Schwander/Manow 2016; Schwander/Manow 2017a, 2017b). Ich bin dankbar für die Gelegenheit zur Kooperation mit einer so exzellenten Wissenschaftlerin. Im Zuge des SFB-Projekts ergab sich die Gelegenheit zur Kooperation mit einer Gruppe herausragender internationaler Kollegen, die in einem gemeinsamen Publikationsprojekt mündete (Manow/Palier/Schwander 2018). Einige der dort enthaltenen Analysen waren auch für das hier entwickelte Argument zentral.

Eine Einladung an das Kulturwissenschaftliche Kolleg der Universität Konstanz für das akademische Jahr 2017/18 gab mir die Gelegenheit, die in diesen verschiedenen Projekten angelegten Argumentationsstränge zusammenzuführen und in ihrer Anwendung auf das Populismusthema zu erweitern. Für die Einladung an das und für die freundliche Aufnahme am Kolleg bin ich überaus dankbar. Mir ist bewusst, welch enormes Privileg es ist, so viel Zeit zum Lesen und Reden und Schreiben (und Rechnen) zu haben. Das schließt den Dank an die Universität Bremen sowie das dortige Institut für Politikwissenschaft ein, die zugestimmt haben, mich für den Kolleg-Aufenthalt freizustellen. Das war alles andere als selbstverständlich – umso glücklicher bin ich über die Generosität der Kollegen und Kolleginnen sowie der Institution. Den Mitarbeitern und Mitarbeiterinnen des Konstanzer Kollegs sei für ihre umfassende Unterstützung gedankt. Am Kolleg haben mir die Gespräche vor allem mit Michael Neumann sowie mit Christopher Möllmann und Albrecht Koschorke geholfen, einen klareren Blick zu bekommen und meine Argumente präziser zu formulieren. Michael Neumann hat das Manuskript in seinen verschiedenen Stadien umfassend kommentiert und vielfach verbessert, auch Christopher Möllmann hat das Manuskript sehr hilfreich kommentiert. Überdies waren Florian Meinel, Susanne K. Schmidt, Hanna Schwander und Thorsten Wilhelmy einmal mehr konstruktiv-kritische Leser und außerordentlich wichtige Gesprächspartner, denen das Buch viel zu verdanken hat. Danke auch an den Bremer Kollegen Stefan Luft für die Durchsicht des Manuskripts. Wer sich mit Populismus beschäftigt, lernt die Möglichkeit zum offenen Gespräch auch in politisch äußerst vermintem Gelände noch einmal besonders zu schätzen. Dabei ist selbstverständlich keiner der Genannten in irgendeiner Weise verantwortlich für die im Buch gemachten Argumente oder vertretenen Meinungen.

Bei Suhrkamp hatte ich mit Heinrich Geiselberger einen ermunternden, intellektuell anregenden wie herausfordernden Ansprechpartner und akribischen Lektor. Daniel Deckers und Christian Demand haben Teile des Manuskripts, soweit diese auf Vorabveröffentlichungen basieren, redigiert.

Einige der Argumente wurden bereits in anderen Kontexten ausprobiert, einige der Befunde sind bereits zu anderen Gelegenheiten vorgestellt worden:

Kapitel 2 geht in Teilen zurück auf den Essay »›Dann wählen wir uns ein anderes Volk ...‹ Populisten vs. Elite, Elite vs. Populisten« (in: *Merkur* 72/4 [April 2018], S. 5-14). Kapitel 3 ist eine erweiterte Fassung meines Artikels »Links und rechts – zwei Spielarten des Populismus« (in: *Frankfurter Allgemeine Zeitung* [29. Januar 2018], S. 5); eine annotierte und leicht erweiterte Fassung dieses Beitrags findet sich unter dem Titel »Populismus rechts und links, Nord und Süd, Ost und West« auf dem Portal Soziopolis. Kapitel 4 basiert auf einer gemeinsam mit Hanna Schwander verfassten Vorstudie (Schwander/Manow 2017a), die Bundestagswahl 2017 untersuchen wir in dem Aufsatz »A labor market explanation for right-wing populism« (unveröffentlichtes Manuskript, Universität Bremen/Hertie School of Governance, Berlin: 2018). Die Überlegungen in Kapitel 6 gehen in Teilen zurück auf meinen Essay »Ach, Europa – Ach, Demokratie. Über das eigentliche Demokratiedefizit in der Europapolitik« (in: *Merkur* 66/1 [Januar 2012], S. 20-27).

Die Thesen und Befunde dieses Buches wurden in Vorträgen an der Universität Konstanz, am Kulturwissenschaftlichen Kolleg des Konstanzer Exzellenzclusters »Kulturelle Grundlagen von Integration«, an der Hertie School of Governance, dem German Institute of Global and Area Studies (GIGA), dem Demokratieforum Saarland, dem Zentrum für interdisziplinäre Forschung Bielefeld und der Urania Berlin vorgestellt. Ich danke allen Teilnehmern, hierbei insbesondere Simon Bornschier, für anregende Diskussionen.

Gewidmet ist das Buch MB & TA & NN – mein innigster Wunsch: dass sie auch in zunehmend unruhigen Zeiten ein angst- und sorgenfreies, ein erfülltes, befriedigendes Leben werden führen können.

Politik
in der edition suhrkamp
Eine Auswahl

Bini Adamczak. Beziehungsweise Revolution. 1917, 1968 und kommende. es 2721. 320 Seiten

Louis Althusser. Für Marx. Vollständige und durchgesehene Ausgabe. Herausgegeben von Frieder Otto Wolf. es 2600. 409 Seiten

Perry Anderson
- Das italienische Desaster. edition suhrkamp digital. 80 Seiten
- Hegemonie. Konjunkturen eines Begriffs. Übersetzt von Frank Jakubzik. es 2724. 249 Seiten

Scott Anderson. Zerbrochene Länder. Wie die arabische Welt aus den Fugen geriet. Übersetzt von Laura Su Bischoff. es-Sonderdruck. 264 Seiten

Alain Badiou. Versuch, die Jugend zu verderben. es-Sonderdruck. 111 Seiten

Loren Balhorn/Bhaskar Sunkara (Hg.). Jacobin. Die Anthologie. Übersetzt von Stephan Gebauer. es-Sonderdruck. 313 Seiten

Wolfgang Bauer
- Bruchzone. Krisenreportagen. es-Sonderdruck. 349 Seiten
- Über das Meer. Mit Syrern auf dem Weg nach Europa. es-Sonderdruck. 133 Seiten

NF 1096/1/10.18

Zygmunt Bauman
- Retrotopia. Übersetzt von Frank Jakubzik. es-Sonderdruck. 220 Seiten
- Die Angst vor den anderen. Ein Essay über Migration und Panikmache. Übersetzt von Michael Bischoff. es-Sonderdruck. 125 Seiten

Timm Beichelt. Ersatzspielfelder. Zum Verhältnis von Fußball und Macht. es 2723. 396 Seiten

Ingolfur Blühdorn. Simulative Demokratie. Neue Politik nach der postdemokratischen Wende. es 2634. 304 Seiten

Michael Butter. »Nichts ist, wie es scheint«. Über Verschwörungstheorien. es-Sonderdruck. 270 Seiten

Colin Crouch
- Postdemokratie. Übersetzt von Nikolaus Gramm. es 2540. 159 Seiten
- Das befremdliche Überleben des Neoliberalismus. Postdemokratie II. Übersetzt von Frank Jakubzik. es-Sonderdruck. 248 Seiten

Demokratie? Eine Debatte. Mit Beiträgen von Giorgio Agamben, Alain Badiou, Jean-Luc Nancy, Slavoj Žižek und anderen. es 2611. 137 Seiten

Matthias Dusini/Thomas Edlinger. In Anführungszeichen. Glanz und Elend der Political Correctness. es 2645. 297 Seiten

Thomas Edlinger. Der wunde Punkt. Vom Unbehagen an der Kritik. es 2693. 317 Seiten

NF 1096/2/10.18

Didier Eribon
- Rückkehr nach Reims. Übersetzt von Tobias Haberkorn. es-Sonderdruck. 240 Seiten
- Gesellschaft als Urteil. Klassen, Identitäten, Wege. Übersetzt von Tobias Haberkorn. es-Sonderdruck. 265 Seiten

Heiner Flassbeck/Paul Steinhardt. Gescheiterte Globalisierung. Ungleichheit, Geld und die Renaissance des Staates. es 2722. 410 Seiten

Heinrich Geiselberger (Hg.). Die große Regression. Eine internationale Debatte über die geistige Situation der Zeit. es-Sonderdruck. 319 Seiten

Hermann L. Gremliza. Haupt- und Nebensätze. es 2715. 159 Seiten

Lukas Haffert. Die schwarze Null. Über die Schattenseiten ausgeglichener Haushalte. es-Sonderdruck. 100 Seiten

David Harvey. Rebellische Städte. Vom Recht auf Stadt zur urbanen Revolution. Aus dem Englischen von Yasemin Dinçer. es 2657. 283 Seiten

Axel Honneth. Vivisektionen eines Zeitalters. Porträts zur Ideengeschichte des 20. Jahrhunderts. es 2678. 308 Seiten

Eva Illouz. Israel. Soziologische Essays. es 2683. 229 Seiten

Uffa Jensen. Zornpolitik. es 2720. 208 Seiten

François Jullien. Es gibt keine kulturelle Identität. Wir verteidigen die Ressourcen einer Kultur. Übersetzt von Erwin Landrichter. es 2718. 80 Seiten

NF 1096/3/10.18

Ivan Krastev. Europadämmerung. Ein Essay. Übersetzt von Michael Bischoff. es 2712. 143 Seiten

Benjamin Kunkel. Utopie oder Untergang. Ein Wegweiser für die gegenwärtige Krise. es 2687. 246 Seiten

Philipp Lepenies. Die Macht der einen Zahl. Eine politische Geschichte des Bruttoinlandsprodukts. es 2673. 186 Seiten

Steffen Mau/Nadine M. Schöneck (Hg.). (Un-)Gerechte (Un-)Gleichheiten. es 2684. 208 Seiten

Markus Metz/Georg Seeßlen. Freiheit und Kontrolle. Die Geschichte des nicht zu Ende befreiten Sklaven. es 2730. 461 Seiten

Thomas Meyer. Die Unbelangbaren. Wie politische Journalisten mitregieren. es 2692. 186 Seiten

Danny Michelsen/Franz Walter. Unpolitische Demokratie. Zur Krise der Repräsentation. es 2668. 410 Seiten

Chantal Mouffe
- Über das Politische. Wider die kosmopolitische Illusion. Übersetzt von Niels Neumeier. es 2483. 169 Seiten
- Agonistik. Die Welt politisch denken. Übersetzt von Richard Barth. es 2677. 214 Seiten
- Für einen linken Populismus. Übersetzt von Richard Barth. es 2729. 110 Seiten

Heiner Müller. »Für alle reicht es nicht«. Texte zum Kapitalismus. es 2711. 389 Seiten

Jan-Werner Müller
- Verfassungspatriotismus. es 2612. 155 Seiten

NF 1096/4/10.18

- Was ist Populismus? Ein Essay. es-Sonderdruck. 160 Seiten

Oliver Nachtwey. Die Abstiegsgesellschaft. Über das Aufbegehren in der regressiven Moderne. es 2682. 264 Seiten

Claus Offe. Europa in der Falle. es 2691. 160 Seiten

Miltiadis Oulios. Blackbox Abschiebung. Geschichte, Theorie und Praxis der deutschen Migrationspolitik. es-Sonderdruck. 512 Seiten

Volker Perthes. Das Ende des Nahen Ostens, wie wir ihn kennen. Ein Essay. es-Sonderdruck. 144 Seiten

Heribert Prantl. Trotz alledem! Europa muss man einfach lieben. es-Sonderdruck. 93 Seiten

Katharina Raabe/Manfred Sapper (Hg.). Testfall Ukraine. Europa und seine Werte. es-Sonderdruck. 256 Seiten

Hanno Rauterberg. Wie frei ist die Kunst? Der neue Kulturkampf und die Krise des Liberalismus. es 2725. 141 Seiten

César Rendueles. Soziophobie. Politischer Wandel im Zeitalter der digitalen Utopie. Übersetzt von Raul Zelik. es 2690. 262 Seiten

Frank Schirrmacher (Hg.). Technologischer Totalitarismus. Eine Debatte. es-Sonderdruck. 283 Seiten

Carlo Strenger
- Zivilisierte Verachtung. Eine Anleitung zur Verteidigung unserer Freiheit. es-Sonderdruck. 104 Seiten
- Abenteuer Freiheit. Ein Wegweiser für unsichere Zeiten. es-Sonderdruck. 122 Seiten

NF 1096/5/10.18

William T. Vollmann. Arme Leute. Reportagen. Übersetzt von Robin Detje. es-Sonderdruck. 335 Seiten

Slavoj Žižek. Auf verlorenem Posten. Übersetzt von Frank Born. es 2562. 319 Seiten

Gabriel Zucman. Steueroasen. Wo der Wohlstand der Nationen versteckt wird. es-Sonderdruck. 118 Seiten

Michael Zürn/Matthias Ecker-Ehrhardt (Hg.). Die Politisierung der Weltpolitik. Umkämpfte internationale Institutionen. es 2659. 412 Seiten

NF 1096/6/10.18

Soziologie
in der edition suhrkamp
Eine Auswahl

Pablo Alabarces. Für Messi sterben? Der Fußball und die Erfindung der argentinischen Nation. Übersetzt von Bettina Engels und Karen Genschow. es 2608. 287 Seiten

Louis Althusser. Für Marx. Vollständige und durchgesehene Ausgabe. Herausgegeben von Frieder Otto Wolf. es 2600. 409 Seiten

Peter-Paul Bänziger/Stefanie Duttweiler/Philipp Sarasin/ Annika Wellmann (Hg.). Fragen Sie Dr. Sex!Ratgeberkommunikation und die mediale Konstruktion des Sexuellen. es 2595. 376 Seiten

Zygmunt Bauman
- Flüchtige Moderne. Übersetzt von Reinhard Kreissl. es 2447. 260 Seiten
- Gemeinschaften. Auf der Suche nach Sicherheit in einer bedrohlichen Welt. Übersetzt von Frank Jakubzik. es 2565. 180 Seiten
- Wir Lebenskünstler. Übersetzt von Frank Jakubzik. es 2594. 206 Seiten

Zygmunt Bauman/David Lyon. Daten, Drohnen, Disziplin. Ein Gespräch über flüchtige Überwachung. Übersetzt von Frank Jakubzik. es 2667. 204 Seiten

Ulrich Beck
- Das deutsche Europa. Neue Machtlandschaften im Zeichen der Krise. edition suhrkamp digital. 79 Seiten

NF 1097/1/10.18

- Nachrichten aus der Weltinnenpolitik. es 2619. 149 Seiten
- Risikogesellschaft. Auf dem Weg in eine andere Moderne. es 1365 und es 3326. 396 Seiten

Ulrich Beck/Martin Mulsow (Hg.). Vergangenheit und Zukunft der Moderne. es 2685. 427 Seiten

Ulrich Beck/Angelika Poferl (Hg.). Große Armut, großer Reichtum. Zur Transnationalisierung sozialer Ungleichheit. es 2614. 694 Seiten

Ingolfur Blühdorn. Simulative Demokratie. Neue Politik nach der postdemokratischen Wende. es 2634. 304 Seiten

Pierre Bourdieu
- Ein soziologischer Selbstversuch. Übersetzt von Stephan Egger. Mit einem Nachwort von Franz Schultheis. es 2311. 160 Seiten
- Praktische Vernunft. Zur Theorie des Handelns. Übersetzt von Hella Beister. es 1985. 226 Seiten
- Rede und Antwort. Übersetzt von Bernd Schwibs. es 1547. 237 Seiten
- Soziologische Fragen. Übersetzt von Hella Beister und Bernd Schwibs. es 1872. 256 Seiten
- Über das Fernsehen. Übersetzt von Achim Russer. es 2054. 140 Seiten

Didier Eribon
- Rückkehr nach Reims. Übersetzt von Tobias Haberkorn. es-Sonderdruck. 240 Seiten
- Gesellschaft als Urteil. Klassen, Identitäten, Wege. Übersetzt von Tobias Haberkorn. es-Sonderdruck. 265 Seiten

Elena Esposito. Die Fiktion der wahrscheinlichen Realität. Übersetzt von Nicole Reinhardt. es 2485. 127 Seiten

NF 1097/2/10.18

Mischa Gabowitsch. Putin kaputt!? Russlands neue Protestkultur. es 2661. 441 Seiten

David Harvey. Rebellische Städte. Vom Recht auf Stadt zur urbanen Revolution. Aus dem Englischen von Yasemin Dinçer. es 2657. 283 Seiten

Wilhelm Heitmeyer (Hg.)

- Deutsche Zustände. Folge 1. es 2290. 304 Seiten
- Deutsche Zustände. Folge 2. es 2332. 320 Seiten
- Deutsche Zustände. Folge 3. es 2388. 300 Seiten
- Deutsche Zustände. Folge 4. es 2454. 320 Seiten
- Deutsche Zustände. Folge 5. es 2484. 300 Seiten
- Deutsche Zustände. Folge 6. es 2525. 308 Seiten
- Deutsche Zustände. Folge 7. es 2552. 328 Seiten
- Deutsche Zustände. Folge 8. es 2602. 319 Seiten
- Deutsche Zustände. Folge 9. es 2616. 348 Seiten
- Deutsche Zustände. Folge 10. es 2647. 336 Seiten

Wilhelm Heitmeyer. Autoritäre Versuchungen. Signaturen der Bedrohung 1. es 2717. 393 Seiten

Claudia Honegger/Sighard Neckel/Chantal Magnin (Hg.). Strukturierte Verantwortungslosigkeit. Berichte aus der Bankenwelt. Mit einem Text von Elfriede Jelinek. es 2607. 395 Seiten

Eva Illouz

- Die neue Liebesordnung. Frauen, Männer und *Shades of Grey*. Übersetzt von Michael Adrian. edition suhrkamp digital. 88 Seiten
- Israel. Soziologische Essays. es 2683. 229 Seiten

Marie Jahoda/Paul F. Lazarsfeld/Hans Zeisel. Die Arbeitslosen von Marienthal. Ein soziographischer Versuch über

NF 1097/3/10.18

die Wirkungen langandauernder Arbeitslosigkeit. Mit einem Anhang zur Geschichte der Soziographie. es 769. 148 Seiten

Cornelia Koppetsch/Sarah Speck. Wenn der Mann kein Ernährer mehr ist. Geschlechterkonflikte in Krisenzeiten. es 2701. 297 Seiten

Christoph Kucklick. Das unmoralische Geschlecht. Zur Geburt der negativen Andrologie. es 2538. 379 Seiten

Bruno Latour. Das terrestrische Manifest. es-Sonderdruck. 135 Seiten

Claus Leggewie. Die Anti-Europäer. Breivik, Dugin, al-Suri & Co. es-Sonderdruck. 176 Seiten

Martina Löw/Renate Ruhne. Prostitution. Herstellungsweisen einer anderen Welt. es 2632. 215 Seiten

Steffen Mau. Das metrische Wir. Über die Quantifizierung des Sozialen. es-Sonderdruck. 308 Seiten

Steffen Mau/Nadine M. Schöneck (Hg.). (Un-)Gerechte (Un-)Gleichheiten. es 2684. 208 Seiten

Daniel Miller. Der Trost der Dinge. Fünfzehn Porträts aus dem London von heute. Übersetzt von Frank Jakubzik. es 2613. 226 Seiten

Stephan Moebius/Markus Schroer (Hg.). Diven, Hacker, Spekulanten. Sozialfiguren der Gegenwart. es 2573. 462 Seiten

Jan-Werner Müller. Was ist Populismus? Ein Essay. es-Sonderdruck. 160 Seiten

NF 1097/4/10.18

Richard Münch
- Akademischer Kapitalismus. Über die politische Ökonomie der Hochschulreform. es 2633. 457 Seiten
- Globale Eliten, lokale Autoritäten. Bildung und Wissenschaft unter dem Regime von PISA, McKinsey &. Co. es 2560. 266 Seiten

Oliver Nachtwey. Die Abstiegsgesellschaft. Über das Aufbegehren in der regressiven Moderne. es 2682. 264 Seiten

Sighard Neckel/Greta Wagner (Hg.). Leistung und Erschöpfung. Burnout in der Wettbewerbsgesellschaft. es 2666. 216 Seiten

Barbara Nolte/Jan Heidtmann. Die da oben. Innenansichten aus deutschen Chefetagen. es 2599. 202 Seiten

Claus Offe. Europa in der Falle. es 2691. 160 Seiten

Werner Schiffauer. Schule, Moschee, Elternhaus. Eine ethnologische Intervention. es 2699. 298 Seiten

Frank Schirrmacher (Hg.). Technologischer Totalitarismus. Eine Debatte. es-Sonderdruck. 283 Seiten

Limor Shifman. Meme. Kunst, Kultur und Politik im digitalen Zeitalter. es 2681. 189 Seiten

Walter Siebel. Die Kultur der Stadt. es 2698. 475 Seiten

Felix Stalder. Kultur der Digitalität. es 2679. 200 Seiten

Mark Terkessidis
- Interkultur. es 2589. 220 Seiten
- Kollaboration. es 2686. 332 Seiten

NF 1097/5/10.18

TIMOTHY KELLER

Über den TOD

In Sterben und Tod die Hoffnung behalten

BRUNNEN
Verlag GmbH · Giessen

Titel der amerikanischen Originalausgabe:
On Death, © 2020 by Timothy Keller, Published by Penguin Books, an imprint of Penguin Random House LLC, New York, USA
Kap. 3: **Growing My Faith in the Face of Death,**
© 2021 by Timothy Keller, veröffentlicht in „The Atlantic", 7. März 2021 (https://www.theatlantic.com/ideas/archive/2021/03/tim-keller-growing-my-faith-face-death/618219, letzter Zugriff am 13.09.2022).

Aus dem Amerikanischen übersetzt von Frauke Bielefeldt

Bibelzitate folgen, wo nicht anders angegeben, im Neuen Testament der Neuen Genfer Übersetzung, Neues Testament, © 2015 Genfer Bibelgesellschaft (NGÜ), im Alten Testament der Lutherbibel, revidiert 2017, © 2016 Deutsche Bibelgesellschaft, Stuttgart (LUT).
Sonst:
EIN: Einheitsübersetzung der Heiligen Schrift
© 1980 Katholische Bibelanstalt, Stuttgart.
ELB: Revidierte Elberfelder Bibel
© 1985/1991/2006 SCM-Verlag GmbH & Co. KG, Witten.

4. Auflage 2026

Brunnen Verlag GmbH, Gottlieb-Daimler-Str. 22, 35398 Gießen
info@brunnen-verlag.de
www.brunnen-verlag.de

Lektorat: Uwe Bertelmann
Umschlagfoto: Adobe Stock
Umschlaggestaltung: Jonathan Maul
Satz: Brunnen Verlag GmbH
Druck: CPI books GmbH, Leck
ISBN Buch 978-3-7655-4382-1
ISBN E-Book 978-3-7655-7679-9

FSC www.fsc.org MIX Papier | Fördert gute Waldnutzung FSC® C083411